— **REMERCIEMENTS** —

Dominique Bottani - Henri Bressy - Thierry Cazeneuve - Gérard Dumerin - Cécile Franc - Jean-Claude Gaubert - Guy Gérent
Lucien Lazaridès - Jean-Claude Ollivier - Gilles Porte - Arnaud Ribeyron-Montmartin - Christian Ravanier - Bernard Tinlot

et le Conseil Général de Vaucluse

Crédits photographiques : Le Dauphiné Libéré - Presse-Sports - Chaline (Carpentras) - Le Provençal.

La foule au chalet Reynard lors de l'étape contre la montre en 1958.

Les vainqueurs du Tour de France depuis 1947

1947 : Jean Robic (F)
1948 : Gino Bartali (I)
1949 : Fausto Coppi (I)
1950 : Ferdi Kubler (S)
1951 : Hugo Koblet (S)
1952 : Fausto Coppi (I)
1953 : Louison Bobet (F)
1954 : Louison Bobet (F)
1955 : Louison Bobet (F)
1956 : Roger Walkowiak (F)
1957 : Jacques Anquetil (F)
1958 : Charly Gaul (L)
1959 : Federico Bahamontès (E)
1960 : Gastone Nencini (I)
1961 : Jacques Anquetil (F)
1962 : Jacques Anquetil (F)
1963 : Jacques Anquetil (F)
1964 : Jacques Anquetil (F)
1965 : Felice Gimondi (I)
1966 : Lucien Aimar (F)
1967 : Roger Pingeon (F)
1968 : Jan Janssen (H)
1969 : Eddy Merckx (B)
1970 : Eddy Merckx (B)
1971 : Eddy Merckx (B)
1972 : Eddy Merckx (B)
1973 : Luis Ocana (E)
1974 : Eddy Merckx (F)
1975 : Bernard Thévenet (F)
1976 : Lucien Van Impe (B)
1977 : Bernard Thévenet (F)
1978 : Bernard Hinault (F)
1979 : Bernard Hinault (F)
1980 : Joop Zoetemelk (H)
1981 : Bernard Hinault (F)
1982 : Bernard Hinault (F)
1983 : Laurent Fignon (F)
1984 : Laurent Fignon (F)
1985 : Bernard Hinault (F)
1986 : Greg Lemond (USA)
1987 : Stephen Roche (IRL)
1988 : Pedro Delgado (E)
1989 : Greg Lemond (USA)
1990 : Greg Lemond (USA)
1991 : Miguel Indurain(E)
1992 : Miguel Indurain(E)
1993 : Miguel Indurain(E)
1994 : Miguel Indurain(E)
1995 : Miguel Indurain(E)
1996 : Bjarne Riis (DK)
1997 : Jan Ulrich (D)
1998 : Marco Pantani (I)
1999 : Lance Amstrong (USA)
2000 :Lance Amstrong (USA)

Les grandes heures du TOUR de FRANCE au VENTOUX

Bernard Mondon

préface de
Louis Nucéra

ÉQUINOXE

L'ascension du Ventoux a été fatale au jeune Italien Favero, révélation du Tour.

Le mont Ventoux, sommet de légende

Groussard : "Parlez-moi plutôt de disputer 50 sprints que de remonter le Ventoux !"

MERCKX gagne... et s'effondre au sommet du Ventoux

DRAMES DANS LE VENTOUX

Au Ventoux, coups de bambous !

Devant 100.000 spectateurs massés au bord de la route du Mont Ventoux

GAUL grand vainqueur, mais épuisé, règle BAHAMONTÈS

ILLUSTRATIONS DE COUVERTURE :

1re de couverture :
Charly Gaul au Ventoux (entrée du virage de St-Estève) en 1958. © Presse Sports.

4e de couverture :
Les 10 vainqueurs du Ventoux. (Photographies Dauphiné Libéré).

Le Ventoux sans pitié

SIMPSON : défaillance tragique dans le Ventoux

Domaine de Fontgisclar - Draille de Magne - Route d'Avignon - 13570 Barbentane
ISBN : 2-84135-011-8
ISSN : 1147-3339

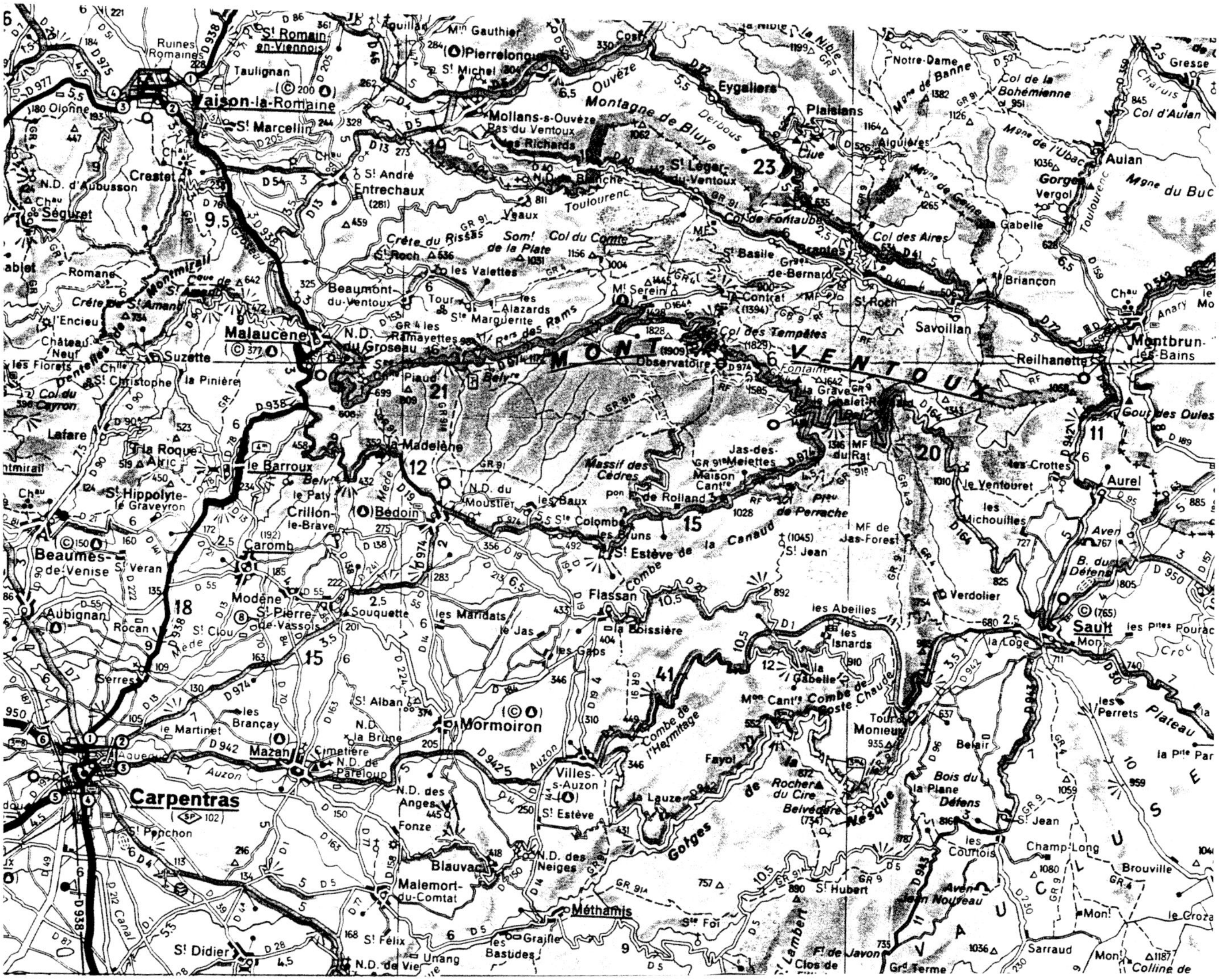

© Michelin, d'après carte N°81 - 25ᵉ édition 1993. Autorisation n°94-315.

(Collection H. Bressy).

"L'étape qui subit la personnification la plus forte, c'est l'étape du Mont Ventoux. Les grands cols, alpins ou pyrénéens, pour durs qu'ils soient, restent malgré tout des passages, ils sont sentis comme des objets à traverser ; le col est un trou, il accède difficilement à la personne ; le Ventoux, lui, a la plénitude du mont, c'est un dieu du Mal, auquel il faut sacrifier. Véritable Moloch, despote des cyclistes, il ne pardonne jamais aux faibles, se fait payer un tribut injuste de souffrances...".

Roland Barthes
Le Tour de France comme épopée
dans Mythologies - Le Seuil - 1957

Ce n'est pas d'aujourd'hui que le Ventoux fait rêver. Le 25 avril 1336 (six siècles avant les congés payés) Pétrarque coucha à ses pieds. Il attendait, du côté de Malaucène, une nuit de pleine lune afin d'en entreprendre l'ascension par des chemins où les chèvres de l'époque y regardaient à deux fois avant de placer leurs sabots. Cette nuit idéale ne tarda pas. Le lendemain, il était au sommet. Son frère et un domestique (on l'appellera "gregario" dans les pelotons cyclistes) l'accompagnaient. Tous trois assistèrent au lever du soleil. Bientôt, "de la Méditerranée au Vercors, du Canigou au Pelvoux, du Mézenc au Viso", un panorama sublime s'offrit à eux. Seuls de rares bergers avaient pu le contempler avant cette date. On voyait le Rhône, la Durance et les Alpes, la plaine de Carpentras et le plateau du Vaucluse, les dentelles de Montmirail si bien nommées, le Lubéron, les Alpilles, les collines de l'Estaque, l'étang de Berre, Marseille, Aix et la montagne Sainte-Victoire qui guettait la naissance de Cézanne pour devenir célèbre.

L'humaniste le plus réputé de la Renaissance, le chercheur de manuscrits antiques enfouis au fond des monastères, le poète qui immortalisa Laure de Noves, celui dont le père fut l'ami de Dante avait prémédité depuis belle lurette l'expédition. De Carpentras où il habita enfant, d'Avignon où le pape Jean XXII le fit mander, du domaine qu'il fit bâtir sur la Sorgue, il lorgnait ce géant tantôt cravaté de nuages, parfois noyé de brume mais souvent bleuté car ainsi apparaît le Ventoux par beau temps. La teinte lui va. Pétrarque ne fut pas déçu. Il avait appareillé pour la beauté ; elle était au rendez-vous.
L'histoire ne dit pas si le trio eut maille à partir avec les loups, si des rapaces volèrent en rond au-dessus d'eux avant de piquer pour reluquer les intrus de plus près, si des vipères s'arrachèrent de leur sommeil, si le vent souleva des rochers. On sait seulement que celui qui devint savant par obéissance à son père et serviteur des belles lettres par vocation, ne tarit pas d'éloges sur son équipée. Le mythe du Ventoux naissait. Il allait, durant des siècles, demeurer à la hauteur de sa réputation.

Les cyclistes y ont contribué pour une bonne part. Dès le début du siècle, malgré l'indignation de l'entomologiste Henri Fabre qui haïssait le goudron ("le progrès a fienté sur le front du Ventoux", pestait-il) des valeureux s'attaquèrent sur deux roues à une pente qui exige solides jarrets, cœur aguerri, poumons sans faiblesse et pas mal de volonté si on prétend la vaincre. Car le Ventoux est ainsi fait. Ses pieds sont dans le Vaucluse ; sa tête se balade entre Arctique et Antarctique : n'y trouve-t-on pas des représentants de la flore polaire : petits pavots velus du Groenland, saxifrages du Spitzberg ? C'est dire la dénivellation qu'il convient de mater en vingt kilomètres (et des broutilles) pour parvenir à son faîte.

A la difficulté de l'escalade, cet apprenti-sorcier qu'est l'homme, ce forcené des défis, ajouta la compétition ; son esprit ; son impérieuse nécessité de dépassement. Les cyclistes, ces chevaliers de l'époque moderne, y suèrent sang et eau. J'en connais (et j'en ai connu) plus d'un, du côté du Comté de Nice, de la Provence, de la Savoie, qui en gardent un souvenir plus grandiose que douloureux car le temps a partiellement effacé les souffrances pour ne conserver dans les mémoires que la majesté des exploits : Giorgetti, Giacomini, Vietto, Gianello, Martino, Galateau, Molinéris, Brambilla furent de ces batailles.

Et le Tour de France vint. Il attendra le 22 juillet 1951 pour affronter la montagne sacrée et accroître encore le patrimoine de la tradition cycliste. Un géant était accosté par un autre géant et d'autres géants (de la route, ceux-ci). Le premier, Lucien Lazaridès, le frère d'Apo dit "l'enfant grec", le franchit en tête. Gino Bartali, dit "le pieux" le suivait à 40 secondes, Raphaël Géminiani dit "le grand fusil" à 45. Mais mieux que je ne saurais le faire, Bernard Mondon, ivre d'extraordinaire, de courses cyclistes et de souvenirs, raconte l'épopée dans ces pages : de Lazaridès à Poli en passant par Robic, Bobet, Gaul, Poulidor, Jimenez, Merckx, Thévenet, Aja et Bernard.

Car le Ventoux, bien évidemment, se monte au plus chaud de l'été quand les cigales même, frappées de stupeur par la chaleur, font la sieste. Et qu'on ne nous accuse pas d'exagérer. Au reste, tous les méridionaux le savent, "exagérer n'est pas mentir".

D'aucuns affirment que le mot Ventoux a pour racine le mot gaulois "vintur" signifiant victoire. Les connaisseurs, ceux qui ont mis la main à la pâte s'il est permis de s'exprimer de la sorte, soutiennent que le nom de Ventoux vient de vent. Ils n'admettent pas la controverse. Il est vrai que là-haut, au royaume des ouragans et des arcs-en-ciel quand la nature n'est plus que désert, quand, à tout instant, on s'attend à voir atterrir un vaisseau lunaire, ça souffle fréquemment. Des vents, Alphonse Daudet en aurait répertorié plus de trente si son moulin y avait installé ses ailes.

Suffisent-ils à aérer la nuque, le visage, le corps bâtonné par l'effort des champions ? A les voir avancer sur leur chemin de croix, prêts à vendre leur âme au diable pour une plage d'ombre et de fraîcheur, on en doute. N'empêche que dès qu'ils le peuvent ou qu'un itinéraire le leur ordonne, ils reviennent, se signeraient-ils en passant devant la stèle où volète encore l'âme de Tom Simpson. Que voulez-vous, la légende a parfois des réminiscences tragiques.

Louis Nucera

L'auteur avec Eros Poli en 1994.
© Yannick Guérin.

Prologue

En 1882, à l'occasion de la construction de l'observatoire météorologique, la première route d'accès au sommet du Mont Ventoux est tracée à partir du village de Bédoin, blotti 1 600 mètres plus bas !
Quelques années plus tard, le Marseillais Adolphe Benoît, directeur de "La Provence Sportive", entreprend l'ascension à bicyclette. Particulièrement fier de sa performance, il en informe toute la région par l'intermédiaire de son journal et invite les cyclistes à venir se mesurer aux pentes redoutables.
Un groupe de jeunes Comtadins organise alors "Le Marathon du Ventoux", une épreuve ralliant la ville de Carpentras à la cime de la montagne provençale. Jacques Gabriel, un solide bûcheron des environs remporte la première édition.
Dès la création, en 1932, d'une nouvelle route sur le versant nord, plusieurs courses cyclistes réputées telles que le Circuit du Ventoux, le Tour du Sud-Est, le Tour du Vaucluse, le Critérium du Dauphiné-Libéré et Paris-Nice convergent vers cet obstacle naturel.
Au début des années cinquante, les responsables du Tour de France dont le parcours épouse jusqu'alors les frontières de l'Hexagone recherchent de nouvelles difficultés.
Ainsi, à partir de 1951, au plus fort de l'été, les "Géants de la route" vont affronter à dix reprises le "Géant de Provence".
La longue ascension sans répit, s'achevant dans un désert de pierraille, battu par un violent mistral ou dévoré par un soleil de feu, est devenue une des plus redoutées de cette épreuve.
Ce champ de bataille entre ciel et terre où la victoire côtoie le drame, et l'exploit l'abandon, consacre à chaque passage les plus grands noms du cyclisme.
Aujourd'hui, les étapes du Ventoux sont entrées dans la légende du Tour de France.

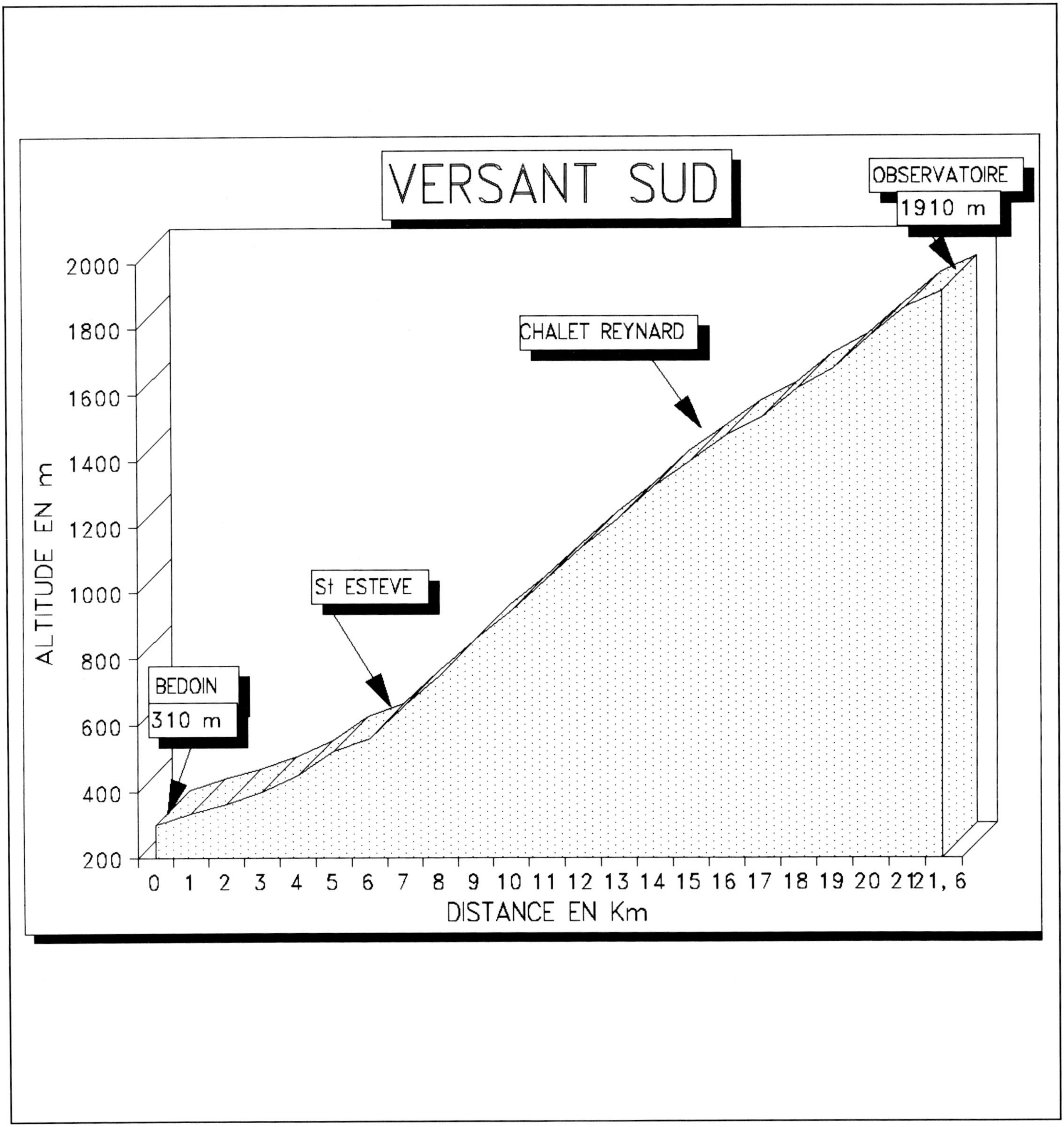
VERSANT SUD
OBSERVATOIRE
1910 m
CHALET REYNARD
St ESTEVE
BEDOIN
310 m
ALTITUDE EN m
2000
1800
1600
1400
1200
1000
800
600
400
200
0 1 2 3 4 5 6 7 8 9 10 11 12 13 14 15 16 17 18 19 20 21 21, 6
DISTANCE EN Km

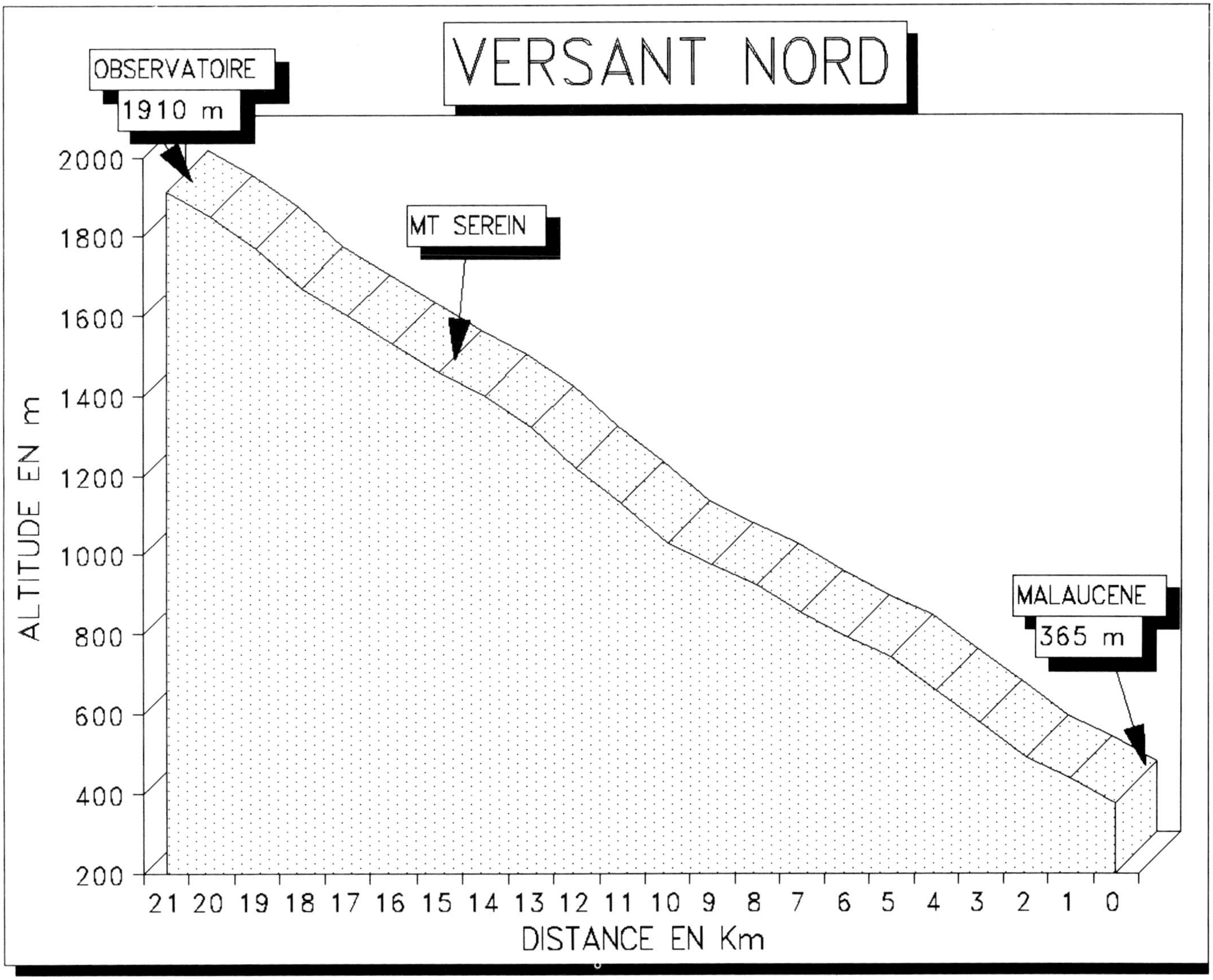

VERSANT NORD
OBSERVATOIRE
1910 m
MT SEREIN
MALAUCENE
365 m
ALTITUDE EN m
2000
1800
1600
1400
1200
1000
800
600
400
200
21 20 19 18 17 16 15 14 13 12 11 10 9 8 7 6 5 4 3 2 1 0
DISTANCE EN Km

LES ETAPES

EN UN CLIN D'ŒIL...

DATE	ETAPE	KM	VERSANT	PASSAGE ARRIVÉE	PREMIER AU SOMMET	VAINQUEUR DE L'ÉTAPE	VAINQUEUR DU TOUR
22 juillet 1951	Montpellier Avignon	224	Nord	Passage	Lazaridès	Bobet	Koblet
9 juillet 1952	Aix-en-Provence Avignon	178	Sud	Passage	Robic	Robic	Coppi
18 juillet 1955	Marseille Avignon	198	Sud	Passage	Bobet	Bobet	Bobet
13 juillet 1958	Bedoin Mont Ventoux	21,6	Sud	Arrivée c/ la montre	Gaul	Gaul	Gaul
6 juillet 1965	Montpellier Avignon	173	Sud	Arrivée en ligne	Poulidor	Poulidor	Gimondi
13 juillet 1967	Marseille Mont Ventoux	221	Sud	Passage	Jimenez	Janssen	Pingeon
10 juillet 1970	Gap Mont Ventoux	170	Sud	Arrivée en ligne	Merckx	Merckx	Merckx
13 juillet 1972	Carnon-Plage Mont Ventoux	207	Nord	Arrivée en ligne	Thévenet	Thévenet	Merckx
10 juillet 1974	Savines-le-Lac Orange	231	Est	Passage	Aja	Spruyt	Merckx
19 juillet 1987	Carpentras Mont Ventoux	36,5	Sud	Arrivée c/ la montre	Bernard	Bernard	Roche
18 juillet 1994	Montpellier Carpentras	231	Sud	Passage	Poli	Poli	Indurain
13 juillet 2000	Avignon Mont Ventoux	149	Sud	Arrivée en ligne	Pantani	Pantani	Amstrong

Koblet, Lazaridès, Bartali et Géminiani attaquent le Ventoux en tête. © Presse Sports.

1951

Les premières étapes...

Au départ de Metz, l'absence du Suisse Ferdi Kubler dernier vainqueur du Tour et l'accablement du champion italien Fausto Coppi brisé par la mort de son frère Serse lors du Tour du Piémont, font tourner les regards vers Louison Bobet. Ce jeune Breton, tout auréolé de son succès dans "Milan-San Remo" et de sa prestation au récent Tour d'Italie, devient le favori des journalistes et des suiveurs. Peut-être est-il aussi celui du chronométreur officiel qui le déclare vainqueur de l'étape contre la montre à Angers alors que le Suisse Hugo Koblet le devançait d'une minute ! L'erreur découverte, le sémillant helvète confirme son talent quatre jours plus tard. Il rallie Agen au terme d'une échappée de 135 kilomètres, poursuivi par un peloton effréné en tête duquel se relaient sans se ménager les Bobet, Coppi, Bartali, Géminiani, Ockers... qui ne peuvent lui reprendre une seule seconde ! Cet athlète aussi élégant et courtois qu'efficace séduit par son aisance sur tous les parcours. Il endosse le maillot jaune le soir d'une nouvelle victoire à Luchon où il termine détaché en compagnie de Coppi. Tout le monde croit Fausto redevenu lui-même, lorsque le jour suivant, sous une chaleur accablante, il subit une terrible défaillance et atteint Montpellier plus d'une demi-heure après une nouvelle victoire du bel Hugo. Avant d'aborder les Alpes, une journée de repos est octroyée au peloton.

22 JUILLET - MONTPELLIER - AVIGNON - 224 KM

Lazaridès inaugure le Ventoux...

Ce matin, les coureurs rassemblés sur la place de la Comédie signent, l'un après l'autre, la feuille de contrôle de la 17e étape qui les conduira à Avignon. Depuis la Lorraine plus d'un tiers de l'effectif a quitté la course. Au classement général, Koblet devance Géminiani de quelques secondes et Lucien Lazaridès de quelques minutes.

En ce chaud dimanche de juillet, à l'heure de la sortie de la messe, une foule compacte se presse dans les rues de Mont-

pellier au passage de cet étonnant spectacle itinérant.
Après avoir traversé Saint-Gilles aux portes de la Camargue, la course franchit le pont sur le Rhône qui relie Beaucaire à Tarascon et se dirige vers Avignon où sera jugée, dans quelques heures, l'arrivée de l'étape. Auparavant, les concurrents devront affronter les escarpements du versant nord du Mont Ventoux, gravis six siècles plus tôt par Pétrarque.
Pour la première fois depuis sa création le Tour de France entre en terre comtadine. Le soleil darde ses rayons de feu, pas un seul nuage ne rompt la monotonie d'un ciel d'azur. Hommes et femmes, jeunes et anciens, tous plus ou moins endimanchés, ravis par le passage de la caravane publicitaire bruyante et généreuse, attendent sagement au bord de la route, parfois même devant leur porte, l'événement qui meublera des conversations passionnées.
La tension monte quand quelques motards, de grosses lunettes plaquées sur leur visage couvert de poussière, annoncent l'arrivée des coureurs. Le public s'agite, les applaudissements et les cris de joie s'amplifient. Voici enfin le peloton bigarré filant à toute allure dans un concert de roues libres. Tous ont reconnu ou cru reconnaître leur champion préféré.
A l'approche de Carpentras, les contours de la montagne se précisent et provoquent un certain effroi dans le peloton surpris par le jaillissement inopiné de cette masse imposante, théâtre de la prochaine bataille.
En attendant, l'hymne des cigales accompagne leur procession vers ce dieu païen.
A la sortie de Malaucène, vers la source du Grozeau, dernière oasis de fraîcheur, la route vient heurter la montagne. L'Espagnol Manolo Rodriguez lance l'attaque et provoque l'éclatement du peloton dans l'odeur chaude des sèves résineuses. Un groupe de douze coureurs, parmi les meilleurs, se détache. Chacun grimpe à sa façon, déhanché ou le buste bien droit, debout sur les pédales ou assis sur le bec de selle, mais tous ont le visage altéré par la souffrance, ruisselant de sueur.
A mi-parcours, seuls Géminiani, Bobet, Bartali et Lucien Lazaridès peuvent faire face aux sévères relances de Koblet. Derrière, Coppi et son équipier Magni, accusent déjà un retard supérieur à cinq minutes. Des anonymes, qui n'en sont plus à mesurer leur retard, maudissent ces rampes sans fin.
Dans la région où la végétation s'amenuise au profit des éboulis, le Français Barbotin rejoint le groupe de tête au prix d'un magnifique effort. Les spectateurs, de plus en plus nombreux à l'approche du sommet, forment une haie qui abrite les coureurs d'une légère brise d'altitude. Il reste environ deux kilomètres à parcourir, Koblet semble maîtriser la situation quand Lazaridès démarre irrésistiblement pour aller cueillir à la cime, sous les ovations du public, quelques secondes de bonification.
A peine a-t-il entamé la descente que Bartali, Géminiani, Barbotin, Koblet et Bobet surgissent, les uns après les autres, sur la terrasse de l'observatoire météorologique. Apo Lazaridès termine l'escalade plus de quatre minutes après son frère. Coppi et Magni, encadrés par de fidèles coéquipiers, franchissent la ligne avec un retard insurmontable, follement encouragés par quelques Italiens de Provence implorant la Madone !
Koblet et Géminiani de retour dans la plaine, à l'issue d'une descente acrobatique, récupèrent Bartali et fondent sur Lazaridès. Aux environs de Carpentras, ils reçoivent le renfort d'un duo efficace composé de Bobet et de Barbotin. Ces six hommes, menacés par un groupe de chasse animé par l'élite belge, roulent à toute vitesse. Koblet surveille Géminiani et Lazaridès ses deux principaux adversaires au classement général et ne peut contrer le démarrage en force de Louison Bobet qui s'en va couper la ligne d'arrivée dans la Cité des Papes.
Après cette belle performance, Jacques Goddet, Directeur de l'épreuve, tire les leçons de cette première étape du Ventoux dans le journal "L'Equipe" :
"Le désert "pentu" installé au sommet du Ventoux, ces étendues dégoulinantes de caillasses blanchâtres, cette fois envahies par une peuplade frénétique et remarquablement disciplinée, ont servi de décors monumentaux, plantés en plein ciel de feu, à un nouvel acte du 38e Tour de France. Un acte qui en dit clair : Koblet, le pédaleur de charme, l'athlète surpuissant au cœur et aux muscles apparemment inépuisables, Koblet, malgré la mise hors compétition de son rival Fausto Coppi, Koblet n'a pas sûrement gagné le Tour !".

LES PASSAGES AU SOMMET DU MONT VENTOUX	
1er - L. Lazaridès	6e - L. Bobet à 1'03"
2e - G. Bartali à 40"	7e - E. Van Ende à 2'30"
3e - R. Géminiani à 45"	8e - S. Ockers m.t.
4e - P. Barbotin m.t.	9e - A. De Hertog m.t.
5e - H. Koblet à 57"	10e - A. Verschueren m.t.

LE CLASSEMENT DE L'ETAPE MONTPELLIER - AVIGNON	
1er - L. Bobet	6e - L. Lazaridès m.t.
2e - P. Barbotin à 50"	7e - S. Ockers à 1'15"
3e - G. Bartali à 56"	8e - A. De Hertog à 1'26"
4e - R. Géminiani m.t.	9e - E. Van Ende m.t.
5e - H. Koblet m.t.	10e - A. Deledda à 4'50"

Lucien Lazaridès, seul à l'approche du sommet.

Les dernières étapes...

L'Italien Magni se rattrape de sa piètre performance dans le Ventoux en gagnant à Marseille. Deux jours plus tard, Coppi, en meilleure forme, s'échappe après 50 kilomètres de course, franchit les cols de Vars et d'Izoard en tête et arrive à Briançon avec plus de quatre minutes d'avance sur Koblet. Celui-ci, prophète en son pays, remporte à Genève un contre la montre au cours duquel il rattrape et double Gino Bartali, lui offrant au passage son bidon d'eau ! Paris fait un accueil triomphal à ce grand champion qui dominera à nouveau Fausto Coppi quelques semaines plus tard au Grand Prix des Nations.

CLASSEMENT GENERAL FINAL	
1er - H. Koblet	6e - P. Barbotin à 36'40''
2e - R. Géminiani à 22'	7e - F. Magni à 39'14''
3e - L. Lazaridès à 24'16''	8e - F. Bauvin à 45'53''
4e - G. Bartali à 29'09''	9e - B. Ruiz à 45'55''
5e - S. Ockers à 32'53''	10e - F. Coppi à 46'51''

VAINQUEUR DU GRAND PRIX DE LA MONTAGNE :

Raphaël Géminiani

Robic,
maître du Ventoux.
© Presse Sports.

1952

Les premières étapes...

L'idée d'une revanche en tête depuis la fin de la précédente édition, Fausto Coppi paraît satisfait du tracé particulièrement montagneux du Tour 1952. En effet, outre un nouveau passage au sommet du Mont Ventoux, les organisateurs ont prévu trois arrivées inédites en altitude : L'Alpe-d'Huez, Sestrières et le Puy-de-Dôme.
Tout le monde attend une confrontation spectaculaire entre les plus grands champions du moment quand Ferdi Kubler, Hugo Koblet et enfin Louison Bobet, blessé, déclarent forfait.
Au départ de Brest, l'équipe de France, privée d'un véritable chef de file mise sur l'offensive. Ainsi trois jours plus tard à Rouen, Laurédi prend la tête du classement général. Après une brève incursion en Belgique, Coppi remporte l'épreuve contre la montre entre Metz et Nancy. Géminiani passe à son tour à l'attaque sur les difficiles routes des Vosges et atteint Mulhouse en solitaire. Une arrivée à Lausanne sur les bords du Lac Léman et les coureurs voient se profiler les sommets alpins. Robic alias "Biquet", vainqueur du Tour 1947, tente sa chance mais ne peut résister à l'envolée de Fausto Coppi dans la montée vers l'Alpe-d'Huez où le maillot jaune l'attend. Au cours de la journée de repos dans cette station ensoleillée tous les coureurs pensent à l'étape du lendemain. L'enchaînement des cols de la Croix de Fer, du Télégraphe, du Galibier, de Montgenèvre et enfin l'ascension vers Sestrières en Italie devraient provoquer une redoutable sélection. Effectivement dans l'escalade du Galibier, Coppi impérial, se détache et s'en va seul cueillir le bouquet de la victoire dans son pays balayé par le vent et la pluie sous les applaudissements d'une foule ivre de joie.
Le jour suivant, en route vers Monaco, "Biquet" qui n'est pas homme à abdiquer franchit le col de Tende devant Fausto Coppi et attend les prochaines étapes de montagne. Pour l'heure, le régional Raoul Rémy remporte chez lui à Aix-en-Provence une victoire de prestige.

9 JUILLET - AIX-EN-PROVENCE - AVIGNON - 178 KM

Robic maître du vent...

Les coureurs ne s'attardent pas dans la cité du Roi René car une difficile journée s'annonce. En effet, pour gagner Avignon,

Au début de l'ascension, Fausto Coppi, victime d'une crevaison, regarde avec inquiétude Robic s'échapper...
© Georges Ghio.

Le champion italien qui emmène Géminiani, Ockers, Dotto, Gelabert, Bartali et Wagtmans ne parviendra jamais à rejoindre « Biquet ».
© Presse Sports.

les organisateurs imposent un détour par le versant méridional du Mont Ventoux.
Encore une étape à la mesure de Coppi.
La suprématie du champion italien dans cette épreuve est telle que les organisateurs, pour relancer l'intérêt de la course, décident de doubler la récompense offerte au second à Paris !
Dès le départ et malgré un fort mistral le Nancéen Gilbert Bauvin se sauve. Très vite un groupe d'une quinzaine d'hommes emmené par l'infatigable Coppi part à sa poursuite. A Saint-Cannat, le peloton se regroupe et entame un combat contre les bourrasques jusqu'au ravitaillement de Carpentras. Bauvin l'obstiné du jour, encouragé par un vent faiblissant, néglige le contenu de sa musette et s'enfuit une nouvelle fois à la sortie de la capitale du Comtat. Les favoris s'observent et l'avance du fuyard augmente pour approcher les six minutes à Bédoin.
Dans ce village aux façades ocre pâle dissimulées par l'épaisse frondaison de platanes séculaires, des groupes d'enfants coiffés de chapeaux de papier semés généreusement par la caravane publicitaire, saluent les assaillants en route vers les champs lumineux du sommet. Ce parcours, terrain de compétitions automobiles internationales depuis le début du siècle est le lieu d'importants rassemblements populaires. Tel est encore le cas aujourd'hui où une foule nombreuse, impatiente d'assister au duel des grimpeurs ailés, se presse sur cette route, chemin de croix des sans grade.
Gilbert Bauvin est déjà à l'œuvre dans les sous-bois lorsque Raphaël Géminiani s'échappe près du fameux virage en devers de Saint-Estève. A ce moment-là, Robic, rageur, profite de la crevaison dont est victime Fausto Coppi pour réagir, entraînant dans sa roue l'Espagnol Gelabert suivi de peu par le Marseillais Dotto et le Belge Ockers. Le "campionissimo" rapidement secouru par son fidèle équipier Carrea perd toutefois une minute et entame dans un style à la fois puissant et aérien une impressionnante remontée sur des grappes de coureurs hors d'haleine. Pendant ce temps Robic et Gelabert rattrapent Géminiani. Devant le jas de Melettes "Biquet" accélère l'allure pour aller ravir la tête de la course à Bauvin en difficulté à la hauteur du Chalet Reynard. Là, au pied de la combe des cimes se pressent un grand nombre de spectateurs venus par la toute nouvelle route qui relie la station de ski du versant sud au village de Sault et au plateau d'Albion.
Robic caracole maintenant à l'avant-scène flanqué d'une moto où trône un cameraman de la télévision présente pour la

première fois sur la route du Tour de France.
A l'arrière un groupe de poursuivants placé sous l'autorité de Coppi sort de la zone boisée. Parmi eux, Géminiani et Dotto se font discrets pour protéger la fuite de leur camarade de l'équipe de France, Ockers et Bartali participent efficacement à l'échappée, une deuxième et troisième place au classement général étant en jeu ! Wagtmans et Gelabert heureux d'être encore en si bonne compagnie essayent de ne pas se faire distancer.
Bien plus bas, une demi-douzaine de coureurs escortent le vicomte Jean de Gribaldy. A quelques longueurs, Lucien Lazaridès, vainqueur de cette montagne l'année précédente ne pourra renouveler sa performance. Jean Robic s'en charge. Seul face au "Géant de Provence", perdu dans un désert de pierre, ce coureur à la taille de lutin résiste aux assauts d'un mistral redevenu violent à l'approche du sommet. Là-haut, un public averti dont une grande partie est venu à vélo, réserve au héros du Ventoux un accueil digne des plus grands champions. Le temps de glisser un journal sous son maillot et le voilà dans l'abrupt versant nord imité, deux minutes plus tard par Gelabert, Bartali, Dotto, Ockers, Coppi, Géminiani et Wagtmans. La démonstration de ses qualités de grimpeur terminée, Robic veut prouver qu'il est aussi un redoutable descendeur. Sur une route étroite au revêtement instable, méprisant les rafales de vent, il dévale la pente à une telle vitesse que, dans les nombreux passages sinueux, voitures et motos le perdent de vue.
A Malaucène, Marcel Bidot, le responsable de l'équipe de France l'incite à poursuivre son effort jusqu'aux remparts d'Avignon distants de plus de 40 kilomètres. Ne serait-ce pas pour lui l'occasion d'affirmer ses capacités sur le plat ? Une nouvelle heure interminable se dessine. Une seule consigne : tout donner ! Coppi, soutenu par Bartali à la tête du groupe des poursuivants dans lequel Géminiani et Dotto refusent toujours de prendre les relais, n'arrive pas à reprendre du temps au fuyard, détenteur dans la traversée de Monteux d'une avance toujours supérieure à deux minutes. Un léger fléchissement dans les derniers kilomètres ne compromet pas son éclatante victoire dans la cité des Papes.
A sa descente de vélo, Fausto Coppi admiratif déclare aux journalistes :
"Je pensais que le vent ferait capituler Robic... il a réalisé aujourd'hui un véritable exploit !".
Parole de connaisseur !

LES PASSAGES AU SOMMET DU MONT VENTOUX	
1er - J. Robic	6e - F. Coppi à 2'30"
2e - A. Gelabert à 2'15"	7e - R. Géminiani m.t.
3e - G. Bartali m.t.	8e - W. Wagtmans à 2'35"
4e - J. Dotto à 2'20"	9e - J. Le Guilly à 2'50"
5e - S. Ockers m.t.	10e - A. Close à 4'05"

LE CLASSEMENT DE L'ETAPE AIX-EN-PROVENCE - AVIGNON	
1er - J. Robic	6e - A. Gelabert m.t.
2e - G. Bartali à 1'36"	7e - F. Coppi m.t.
3e - R. Géminiani m.t.	8e - J. Dotto m.t.
4e - S. Ockers m.t.	9e - F. Magni à 3'18"
5e - W. Wagtmans m.t.	10e - A. Weilenmann m.t.

Les dernières étapes...

Les deux étapes pyrénéennes remportées par Raphaël Géminiani et Fausto Coppi ne réussissent pas à Robic qui se bat pourtant comme un beau diable ! Le champion italien muselle la course et domine tout le monde lors de la première ascension du Puy-de-Dôme. Son compatriote Fiorenzo Magni enlève le lendemain l'étape contre la montre disputée sur les 63 kilomètres entre Clermont-Ferrand et Vichy. Le dernier jour, Antonin Rolland arrive en vainqueur à Paris et signe la septième victoire d'étape d'un coureur français. Les Italiens atteignent le même score grâce à Coppi qui à lui seul a obtenu cinq succès !

CLASSEMENT GENERAL FINAL	
1er - F. Coppi	6e - F. Magni à 38'25"
2e - S. Ockers à 28'27"	7e - F. Close à 38'32"
3e - B. Ruiz à 34'38"	8e - J. Dotto à 48'01"
4e - G. Bartali à 35'25"	9e - A. Carrea à 50'28"
5e - J. Robic à 35'36"	10e - A. Gelabert à 58'16"

VAINQUEUR DU GRAND PRIX DE LA MONTAGNE :

Fausto Coppi

1955

Les premières étapes...

Fausto Coppi et Hugo Koblet ayant déclaré forfait, Louison Bobet, vainqueur des deux Tours précédents et champion du monde en titre, se présente au Havre en grand favori. Le Breton préoccupé par une pernicieuse induration, peut toutefois compter sur une solide équipe de France toujours placée sous l'autorité de Marcel Bidot.
Antonin Rolland qui remporte la deuxième étape à Roubaix, revêt le maillot jaune quelques jours plus tard à Metz. Bobet se retrouve alors dans une situation délicate. Doit-il soutenir son coéquipier ou privilégier sa légitime ambition ? Au cours du premier rendez-vous dans les Alpes, le Luxembourgeois Charly Gaul s'envole dans le Galibier et rallie Briançon quatorze minutes avant le champion français ! Le lendemain, en route vers Monaco, dans les cols de Vars et de la Cayolle, Gaul poursuit son récital, quand sous une pluie torrentielle, Géminiani survolté le rejoint, le dépasse dans la Turbie et arrive seul sur la Côte d'Azur. L'étape suivante aboutissant à Marseille est marquée par l'abandon de Jean Robic et la victoire de Lucien Lazaridès, les deux derniers vainqueurs d'un Ventoux qui se profile à l'horizon. A la veille de cette ascension redoutée, Antonin Rolland toujours vêtu de jaune devance Fornara, Louison Bobet et Charly Gaul de plus de onze minutes.

18 JUILLET - MARSEILLE - AVIGNON - 198 KM

Bobet en champion...

Il est tout juste onze heures, la journée s'annonce torride. Les coureurs rassemblés à proximité du Vieux Port cherchent déjà un coin d'ombre pour se protéger d'une aveuglante réverbération. Aucun d'entre-eux toutefois ne regrette la fraîcheur du mistral, ce rempart invisible et violent.
Les derniers véhicules de la caravane publicitaire sont partis depuis un moment. Le peloton, groupé derrière le cabriolet "203" Peugeot du Directeur de course, traverse la cité phocéenne sous la protection de la "Bonne Mère" et sous les applaudissements de la foule massée sur les trottoirs.
Le départ est donné aux limites de la ville où le parfum de la farigoule des garrigues succède aux effluves iodées du bord de mer. La période de calme souvent observée à l'approche d'un haut lieu du Tour n'est pas respectée : Louison Bobet et son coéquipier Jean Forestier doivent juguler plusieurs tentatives d'échappées. Malgré la vigilance des coureurs, le Parisien Siguenza réussit à s'enfuir.
A l'entrée de Cavaillon, sur le pont qui enjambe l'eau vive de la Durance son avance est de deux minutes sur un premier peloton emmené par le Maillot Jaune et de quatre minutes sur un second groupe où figurent notamment Ockers, Van Steenbergen, Darrigade, Gauthier, Lucien Lazaridès...
Dans la traversée des villages dévorés de soleil, les concurrents les plus adroits raflent aux spectateurs compatissants des bouteilles d'eau fraîche qui passent de main en main dans un élan de solidarité. Parfois même un tuyau d'arrosage offre une ondée providentielle.
A Carpentras, une grande partie de la population a sacrifié le rituel de la sieste pour se rassembler tout le long du passage de la course. A la sortie de la ville, sur la route de Bédoin, surgit la masse imposante du Ventoux capable de décourager les grimpeurs les plus audacieux. C'est là pourtant que le Suisse Ferdi Kubler, ancien vainqueur du Tour, accompagné des Français Géminiani et Scodeller, passent à l'attaque au son des grillons ivres de chaleur.
Au pied de la montagne l'avance de Siguenza s'amenuise. Le premier peloton où se trouvent les favoris accélère l'allure. Derrière c'est la débandade. Bauvin si téméraire sur ce même parcours trois ans auparavant se traîne seul à plus de dix minutes de la tête de la course. Le rythme de plus en plus soutenu imprimé par Louison Bobet désagrège un peloton où son frère Jean, Stablinski, Impanis, Ruiz... et le porteur du maillot jaune sont lâchés. Scodeller ne peut suivre Géminiani et Kubler qui sont sur le point de rejoindre Siguenza à la dérive. Le vétéran suisse redouble d'efforts dans cette montagne qu'il escalade pour la première fois. Son compagnon d'échappée habitué des lieux le prévient :

"Attention Ferdi, le Ventoux n'est pas une montagne comme les autres !"...
"Ferdi non plus n'est pas un coureur comme les autres !" rétorque-t-il avec assurance.

Au virage de Saint-Estève, le Suisse Kubler, les Français Géminiani et Scodeller en éclaireurs. © Le Dauphiné Libéré.

Louison Bobet vêtu du maillot de champion du monde monte maintenant seul vers le ciel. © Presse Sports.

Un groupe composé de Bobet, Gaul, Brankart, Fornara, Astrua, Quentin et Van Genechten se rapproche du duo de tête où Kubler montre des signes de faiblesse. Plus bas, le Breton Jean Malléjac, neuvième au classement général, victime d'une insolation, s'écroule sur la route et perd connaissance. Il reprend ses esprits au bout d'un quart d'heure de soins avant d'être dirigé en ambulance vers Avignon.

D'autres coureurs sont au bord de l'asphyxie. Le Belge Van Genechten, à bout de souffle, monte en zigzaguant sur l'étroite route. Géminiani et Kubler sont maintenant dans la rocaille où plus rien ne les protège des rayons de feu, même la fontaine de la Grave au bord de la route paraît assoiffée. Bobet et Brankart, ruisselants de sueur rattrapent les deux éclaireurs puis se détachent progressivement. Le Français, irrésistible, lâche son compagnon et part seul à la conquête de la cime. Kubler ayant présumé de ses forces en début d'ascension est à son tour victime d'une défaillance.

Le Mont Ventoux consacre Bobet, ceint des couleurs de l'arc-en-ciel, qui passe au sommet sous les acclamations d'un public impressionné, une minute avant que Brankart ne plonge à son tour sur l'autre versant. Géminiani, rejoint par le groupe de poursuivants, se bat dans les dernières rampes avant le col des Tempêtes.

Un peu plus bas, Gaul méconnaissable, les traits creusés par la souffrance, précède de quelques dizaines de mètres le Maillot Jaune. Kubler atteint péniblement l'Observatoire avec vingt minutes de retard, au moment où Bobet rentre dans Malaucène. Marcel Bidot son directeur technique se rappelant l'exploit de Robic en 1952 l'incite à prolonger son effort jusqu'à Avignon, terme de l'étape. A la sortie de Carpentras, il précède de deux minutes un groupe de chasse comprenant Fornara, Astrua, Coletto et Brankart. Une malencontreuse crevaison le contraint à puiser dans ses ultimes ressources afin de préserver une légère avance sur ses poursuivants à l'arrivé au milieu des Allées de l'Oulle. Exténué, il reste un long moment adossé aux barrières, puis, satisfait d'avoir donné la preuve de sa supériorité, déclare aux journalistes qui l'entourent :
"J'ai gagné l'étape, il me reste à gagner le Tour..."
Les nombreuses minutes reprises à Antonin Rolland et à Charly Gaul sont de bon augure.
Ferdi Kubler, victimes de deux chutes dans la descente, tombe à nouveau à quelques kilomètres de la Cité des Papes. Ne voulant plus remonter sur son vélo, il profère à l'adresse des suiveurs :
"Allez-vous en ! Ferdi est devenu fou ! Il va éclater..."
Il finit par franchir la ligne d'arrivée et déclare forfait, avouant qu'il s'est tué dans le Ventoux.
Le néophyte espagnol Company ferme la marche 52 minutes plus tard et apprend l'abandon de sept coureurs parmi lesquels Walkowiak, vainqueur de cette grande course l'année suivante.

La forte chaleur et la sévérité des pentes de cette montagne sont-elles la seule cause des nombreuses défaillances enregistrées aujourd'hui ?

Géminiani et Kubler dit l'Aigle d'Adziwil, en grande difficulté à la sortie du sous-bois. © Presse Sports.

Bobet, imbattable ce jour là ! © Presse Sports.

Le Suisse Croci-Torti ne pourra reprendre la route après sa chute dans la descente.
© Le Dauphiné Libéré.

Le Belge Van Genechten au bord de l'asphyxie. © Presse Sports.

LES PASSAGES AU SOMMET DU MONT VENTOUX	
1er - L. Bobet	6e - J. Nolten à 3'50''
2e - J. Brankart à 51''	7e - W. Wagtmans m.t.
3e - G. Astrua à 3'40''	8e - A. Coletto à 4'14''
4e - P. Fornara m.t.	9e - C. Gaul à 5'28''
5e - R. Géminiani m.t.	10e - A. Rolland à 6'37''

LE CLASSEMENT DE L'ETAPE MARSEILLE - MONT VENTOUX	
1er - L. Bobet	6e - W. Wagtmans à 5'40''
2e - J. Brankart à 49''	7e - A. Rolland m.t.
3e - P. Fornara à 55''	8e - V. Vitetta m.t.
4e - A. Coletto m.t.	9e - J. Nolten à 5'59''
5e - G. Astrua à 1'	10e - R. Géminiani m.t.

Le vainqueur, Bobet, récupère à l'arrivée à Avignon.
© Le Dauphiné Libéré.

Les dernières étapes...

Antonin Rolland dont l'avance diminue de jour en jour rejoint Saint-Gaudens avec plus de sept minutes de retard sur le vainqueur Charly Gaul et cède de mauvaise grâce son habit de soleil à Louison Bobet, lequel souffre de plus en plus de sa blessure. Le Belge Brankart gagne à Pau et bouscule le Breton en le précédant de deux minutes lors de l'étape contre la montre entre Châtellerault et Tours. Heureusement, Paris n'est plus très loin... et Bobet arrache sa troisième et dernière victoire dans la plus grande course cycliste du monde.

CLASSEMENT GENERAL FINAL	
1er - L. Bobet	6e - R. Géminiani à 15'01''
2e - J. Brankart à 4'53''	7e - G. Astrua à 18'13''
3e - C. Gaul à 11'30''	8e - S. Ockers à 27'13''
4e - P. Fornara à 12'44''	9e - A. Close à 31'10''
5e - A. Rolland à 13'18''	10e - F. Mahé à 36'27''

VAINQUEUR DU GRAND PRIX DE LA MONTAGNE :

Charly Gaul

Antonin Rolland encore Maillot Jaune à Avignon...
mais Bobet se rapproche.
© Le Dauphiné Libéré.

Charly Gaul à l'assaut de la montagne.
© Presse Sports.

1958

Les premières étapes...

Bien avant le départ de cette nouvelle édition, Jacques Anquetil, le dernier vainqueur, craignant une collusion entre Louison Bobet et Raphaël Géminiani, demande au responsable de l'équipe de France d'écarter l'un des deux coureurs de la sélection nationale. Malgré son embarras, Marcel Bidot s'exécute et évince Géminiani. Ce dernier, furieux, trouve refuge au sein du groupe Centre-Midi, jurant les grands dieux qu'on entendra parler de lui.
Et il tient sa promesse ! Présent dans toutes les échappées depuis le départ de Bruxelles, il surprend Anquetil et Bobet au cours de l'une d'elles et arrive à Saint Brieuc avec près de dix minutes d'avance. Confortablement installé au classement général, il aborde sans trop d'inquiétude l'étape contre la montre de Châteaulin où le Luxembourgeois Charly Gaul étonne tout le monde en dominant Jacques Anquetil ! Darrigade qui porte avec élégance le Maillot Jaune depuis Saint-Nazaire le cède dès la première étape pyrénéenne à un Géminiani radieux...
Le jeune Turinois, Vito Favero, le lui ravit dès le lendemain à Luchon.
Ce jour-là, le grimpeur espagnol Bahamontès franchit tous les cols en tête et arrive en solitaire.
Toulouse, Béziers puis Nîmes, trois étapes dont deux sont remportées au sprint par Darrigade qui réapparaît dès que le relief s'adoucit.
Les organisateurs du Tour de France veulent-ils rendre encore plus difficile une course déjà sélective ? Toujours est-il que pour la première fois depuis sa création aucune journée de repos n'est octroyée aux coureurs et de plus, un nouveau type d'étape apparaît avec une épreuve contre la montre... en montagne !

13 JUILLET - BEDOIN - MONT VENTOUX - 21,600 KM

Charly Gaul roi du Ventoux...

Les 21,600 kilomètres et 1 600 mètres de dénivelé qui séparent le village de Bédoin du sommet du Mont Ventoux vont départager, ce dimanche, les 95 téméraires restant en course. En cette veille de Fête Nationale, il n'est pas un concurrent qui ne redoute la bataille qui se prépare. Affronter ce géant en peloton n'est jamais une mince affaire, le vaincre seul fait frémir même les plus forts.
Un léger vent d'été rend la chaleur supportable pour les plus de 100 000 spectateurs massés tout le long de la route qui se sont acquittés souvent à contrecœur, d'un droit d'accès à la montagne.
Toutes les deux minutes, en commençant par le moins bien classé, les coureurs s'élancent de Bédoin. L'Espagnol Suarez détient le meilleur temps de l'ascension lorsque Charly Gaul, grand favori de l'étape, arrive sur la ligne de départ, accompagné de son fidèle écuyer Ernzer. La casquette qu'il porte à l'envers pour protéger sa nuque du soleil accentue l'allure juvénile de cet "Ange de la montagne". Bahamontès son grand rival, parti bien avant lui, n'est pas encore au tiers de l'escalade. Très concentré, Bobet, vainqueur du Tour à trois reprises, vient de s'élancer.
Gaul est maintenant aux ordres du chronométreur, cale-pieds bien serrés, les yeux rivés sur la roue avant, maintenu en équilibre par un commissaire.
...3, 2, 1... le starter le libère, il n'entend pas les cris d'encouragement du public, le voilà déjà à la sortie du village où la montagne se découvre sous sa couronne blanche, dans ses nuances de bleu et de mauve.
Encore quelques minutes et Géminiani, fébrile, puis Favero, tout de jaune vêtu s'élanceront les derniers à l'assaut du ciel de Provence.
Sur l'aire de départ encore envahie de monde, un tonnerre

d'acclamations répond à l'annonce de l'exploit du régional Jean Dotto qui vient de réaliser le meilleur temps !
Gaul, très à l'aise dans le faux-plat des premiers kilomètres, devient impressionnant après le virage de Saint-Estève lorsque la route se dresse brutalement. Tantôt assis sur la selle, tantôt droit sur les pédales, il offre le merveilleux spectacle d'un grimpeur exceptionnel. Bientôt Bobet est en vue. Alors que Louison semble à son maximum, Charly se rapproche inexorablement. A la maison forestière, arrivant dans la roue du Français, il le dépasse sans un regard sous les ovations des nombreux spectateurs. Bergaud puis le Belge Adriaenssens qui se dandine avec rage, sont doublés à leur tour par l'ange devenu démon.

Anquetil en train de perdre de précieuses minutes. © Presse Sports.

Au chalet Reynard, renseigné sur le temps de Bahamontès qui vient de pulvériser le record de Dotto, le coup de pédale toujours aussi souple et efficace, il redouble d'efforts. Le public enthousiaste le couvre de vivats auxquels n'a pas eu droit l'Italien Nencini que l'on aperçoit en difficulté quelques virages plus haut.
Dévorant la route qui serpente de combe en combe, écumant sous l'effort, talonné par la voiture de son directeur sportif d'où fusent des cris d'encouragement, il accélère encore au col des Tempêtes. Le voilà qui surgit du dernier virage avant de franchir la ligne d'arrivée toujours sous les acclamations de la foule et en direct devant les caméras de télévision.
1 h 2' 9'', Bahamontès est battu d'une demi-minute !
A la limite de l'asphyxie, écartant de la main photographes et reporters, il se fraye un chemin vers l'ambulance pour s'isoler. Il ressort peu de temps après, souriant mais le visage creusé par la fatigue.
Lorsque les haut-parleurs proclament sa performance tout le monde comprend qu'une grande page du Tour de France vient de s'écrire sur les pentes du Ventoux. Qui pouvait croire que l'on puisse, sur un vélo, escalader cette montagne à plus de 20 km/h de moyenne ?
Le troisième, Jean Dotto est à trois minutes. Anquetil et Bobet, arrivés respectivement 7e et 10e, perdent un temps précieux. Géminiani reprend le Maillot Jaune à Favero mais Charly Gaul se rapproche dangereusement.
Un autre régional de l'étape Roger Chaussabel explique ainsi à un journaliste son manque d'efficacité sur le parcours : *"Pendant la première moitié ça marchait, mais après, il y avait tellement d'amis de Marseille sur la route que je me suis égosillé pour les empêcher de me pousser. Souffle coupé, j'ai perdu du temps !"*.
Deux coureurs français, Dupré et Roudaut, arrivés hors des délais, voient leurs efforts réduits à néant. Le Ventoux les renvoie dans leurs foyers.

LE CLASSEMENT DE L'ETAPE
BEDOIN - MONT VENTOUX

1er - C. Gaul 1 h 02'09''	7e - J. Anquetil 1 h 06'18''
2e - F. Bahamontès 1 h 02'40''	8e - J.-C. Annaert 1 h 06'22''
3e - J. Dotto 1 h 05'02''	9e - J. Schmitz 1 h 07'02''
4e - J. Brankart 1 h 05'06''	10e - L. Bobet 1 h 07'03''
5e - M. Rohrbach 1 h 05'32''	11e - R. Géminiani 1 h 07'10''
6e - J. Planckaert 1 h 06'01''	12e - J. Graczyk 1 h 07'41''

Les dernières étapes...

Le lendemain, en route vers Gap, Géminiani profite d'un incident mécanique sur le vélo de Charly Gaul pour lancer une offensive et repousser son adversaire à plus d'un quart d'heure au classement général. Bahamontès remporte l'étape à Briançon après avoir franchi l'Izoard en solitaire. Quelques heures plus tard dans le difficile col du Luitel puis dans ceux du massif de la Chartreuse, sous des bourrasques de pluie glacée, le champion du Ventoux réalise un nouvel exploit en atteignant seul Aix-les-Bains. Il relègue tous les autres coureurs, favoris compris, à plusieurs minutes. Géminiani, à bout de forces, très irrité par le manque de coopération de l'équipe de France, coupe la ligne d'arrivée presque un quart d'heure plus tard et se trouve, une fois de plus, dépossédé du Maillot Jaune par Favero. Jacques Anquetil, malade, perd plus d'une demi-heure. Le Luxembourgeois se replace au classement général.
Qui va gagner le Tour ?

Anquetil, victime d'une affection pulmonaire, abandonne la veille du contre la montre décisif disputé entre Besançon et Dijon.
A plus de 44 km/h de moyenne, Charly Gaul remporte cette étape et prend la tête de la course qu'il ne quittera plus jusqu'au Parc des Princes à Paris.

CLASSEMENT GENERAL FINAL	
1er - C. Gaul	6e - J. Plankaert à 28'01''
2e - V. Favero à 3'10''	7e - L. Bobet à 31'39''
3e - R. Géminiani à 3'41''	8e - F. Bahamontès à 40'44''
4e - J. Adriaenssens à 7'16''	9e - L. Bergaud à 48'33''
5e - G. Nencini à 13'33''	10e - J. Hoevenaers à 58'26''

VAINQUEUR DU GRAND PRIX DE LA MONTAGNE :

Federico Bahamontès

Le grand Louis Rostollan prend momentanément les devants.
© Le Dauphiné Libéré.

1965

Les premières étapes…

Jacques Anquetil, vainqueur les trois années précédentes, ne prend pas le départ du Tour en 1965, il préfère savourer le fabuleux exploit qu'il a réalisé quelques semaines plus tôt. Victorieux du Critérium du Dauphiné-Libéré à Avignon, il prenait l'avion dès la ligne franchie et allait triompher dans "Bordeaux-Paris" devant le Britannique Tom Simpson, après avoir pédalé plus de 15 heures ! Ainsi, Raymond Poulidor, second un an auparavant, devient le favori de cette nouvelle édition qui effectue, en partant de Cologne, sa première incursion Outre-Rhin.
Dès le troisième jour, un jeune Italien, Felice Gimondi endosse le Maillot Jaune après avoir dominé les deux précédentes étapes. Poulidor piégé, accuse alors plus de deux minutes de retard au classement général. Il pense cependant pouvoir rétablir la situation au cours du contre la montre individuel de Châteaulin. Mais sa victoire dans cette ville lui permet seulement de reprendre sept secondes au fringant Bergamesque. Les trois étapes suivantes couvertes à plus de 40 km/h de moyenne font la part belle aux sprinters. Des conditions climatiques difficiles dans la traversée des Pyrénées éprouvent les concurrents, plus de vingt d'entre-eux abandonnent dont le champion italien Vittorio Adorni, et l'"Aigle de Tolède", le grimpeur Federico Bahamontès victorieux de l'épreuve en 1959.
Une journée de repos à Barcelone puis deux étapes de transition et la course arrive à Montpellier où Gimondi précède toujours Poulidor d'un peu plus de trois minutes.

6 JUILLET - MONTPELLIER - MONT VENTOUX - 173 KM

Poulidor exact au rendez-vous…

Le soleil a déjà envahi la capitale du Languedoc lorsque les coureurs se présentent sur la ligne de départ. Les plus jeunes, informés des difficultés de l'étape du jour, montrent un visage inquiet.
Poulidor, conscient de l'importance de ce rendez-vous entre

Gianni Motta distancé, Jimenez, Poulidor et Gimondi porteur du Maillot Jaune impriment une cadence infernale. © Le Dauphiné Libéré.

Poulidor et Jimenez, dans le virage du Bois, viennent de lâcher Gimondi. © Le Dauphiné Libéré.

ciel et terre pour arriver vêtu de jaune à Paris, l'Espagnol Julio Jimenez, premier au sommet de l'Aubisque et du Tourmalet, sans oublier le surprenant Gimondi, ont les faveurs de la presse au moment où le Directeur de la course libère la troupe bigarrée des assaillants du "Géant de Provence."

Le peloton toujours groupé traverse le département du Gard. A Montfrin, le village natal de Jean Quittard, une banderole rappelle le souvenir de ce grand reporter sportif de la R.T.F. récemment disparu.

Vers Roquemaure, l'allure peu rapide incite quelques coureurs dont le Vauclusien Jean Milési à s'échapper. Après un regroupement général dans la traversée de Carpentras, c'est un peloton compact qui s'approche de la montagne. Sur ses flancs, la longue et bruyante caravane publicitaire qui colore le paysage s'active pour laisser la place au spectacle sportif que la foule, venue en grand nombre, attend avec impatience.

Et si le Tour se jouait aujourd'hui ?

Tout près de Bédoin, l'astucieux Poulidor abandonne sa monture pour enfourcher un vélo ultraléger.

Dès que la route commence à s'élever, Louis Rostollan prend les devants et déclenche les hostilités : le peloton est disloqué. Aussitôt le fuyard rejoint l'Espagnol Galera contre-attaque. Poulidor, les mains sur les poignées de freins et la visière de sa casquette relevée, Jimenez, Gimondi et Motta se lancent à sa poursuite. Il est sur le point d'être rattrapé et dépassé lorsque le quatuor de chasse devient trio, Gianni Motta ne pouvant suivre l'allure.

Après plusieurs attaques de Jime-

nez, à une dizaine de kilomètres du sommet, Poulidor, souverain, place un démarrage auquel Gimondi ne peut répondre. Seul le vainqueur du Tourmalet, grimaçant, reste dans sa roue mais pour combien de temps ?
Trois virages plus bas, chaque coureur, le regard fixe, essaye de perdre le moins de temps possible. Galera et Anglade rattrapent Gimondi en difficulté. Un peu plus loin, De Rosso, Lebaube, le hollandais Janssen, revêtu du maillot irisé de champion du monde, et le Britannique Tom Simpson livrent bataille.
Avec près de dix minutes de retard sur les premiers, une dizaine de coureurs ferment la marche parmi lesquels on reconnaît Darrigade et Groussard, tous insensibles aux encouragements vociférés par des groupes de spectateurs surexcités.
Pendant ce temps, en tête de la course, au sortir du col des Tempêtes où souffle aujourd'hui une légère brise, Poulidor dans un style alliant puissance et facilité lâche Jimenez, pourtant virtuose du dérailleur. Exact à son rendez-vous, sous les applaudissements, le champion français arrive devant l'Observatoire, poursuivi par une meute de motos de presse qui dissimulent son compagnon d'échappée. L'étonnant Anglade prend la troisième place suivi de près par... Gimondi qui préserve son Maillot Jaune de quelques secondes. Motta est distancé de plus de quatre minutes. Le Hollandais Janssen ravit le Maillot Vert à Reybroeck à la dérive au cours de cette difficile ascension.
A sa descente de vélo, contrairement aux apparences, le héros du jour avoue avoir autant souffert que l'année précédente lors de la mémorable ascension du Puy-de-Dôme avec Anquetil. Antonin Magne son directeur sportif a retrouvé confiance et n'hésite pas à provoquer les adversaires de son protégé en déclarant aux journalistes :
"Poulidor ne peut plus perdre le Tour !".
La course est relancée...

Les deux échappés entrent dans le désert de pierre.
© Le Dauphiné Libéré.

Poulidor premier au sommet.
© Le Dauphiné Libéré.

Le vainqueur sur le podium, avec à ses côtés
le Hollandais Jan Janssen qui revêt le Maillot Vert.
© Le Dauphiné Libéré.

Les dernières étapes...

Le lendemain en ralliant Gap, Poulidor fait une chute sans gravité dans la descente du col de Perty. Les prétendants à la victoire finale se neutralisent dans l'ascension de l'Izoard puis dans celle de la Chartreuse. C'est sur les pentes du Mont Revard escaladées contre la montre que "Poupou" compte donner l'estocade à son jeune rival. Il réalise une excellente performance mais Gimondi, plus clairvoyant, gradue ses efforts et termine comme un bolide en reprenant du temps au Français ! L'élégant transalpin confirme son grand talent en remportant la dernière et traditionnelle étape de Versailles à Paris.
L'Italie exulte, un nouveau "campionissimo" est né en s'octroyant le Tour de France lors de sa première participation comme... Fausto Coppi !
Pour la deuxième année consécutive Poulidor finit le Tour à la seconde place.

LE CLASSEMENT DE L'ETAPE MONTPELLIER - MONT VENTOUX	
1er - R. Poulidor	6e - G. De Rosso à 1'50"
2e - J. Jimenez à 6"	7e - J.C. Lebaude à 1'55"
3e - H. Anglade à 29"	8e - J. Janssen à 2'13"
4e - F. Gimondi à 1'38"	9e - T. Simpson m.t.
5e - J. Galera à 1'43"	10e - J. Perez-Francès à 3'14"

CLASSEMENT GENERAL FINAL	
1er - Felice Gimondi	6e - J. Perez-Francès à 13'15"
2e - R. Poulidor à 2'40"	7e - G. De Rosso à 14'48"
3e - G. Motta à 9'18"	8e - F. Brands à 17'36"
4e - H. Anglade à 12'43"	9e - J. Janssen à 17'52"
5e - J.C. Lebaude à 12'56"	10e - F. Gabica à 19'11"

VAINQUEUR DU GRAND PRIX DE LA MONTAGNE :

Julio Jimenez

En pleine canicule, une ondée providentielle.
© Le Dauphiné Libéré.

1967

Les premières étapes...

Cette année-là, à Angers, les favoris de la course sont Raymond Poulidor et Lucien Aimar, lauréat du Tour 1966. Mais les ambitions de Felice Gimondi, récent vainqueur du "Giro", et de l'ancien champion du monde Tom Simpson, paraissent légitimes. Plus raisonnable, Jacques Anquetil a abandonné la selle de son vélo pour un siège de commentateur radio.
La veille du départ une brève course contre la montre est inaugurée en vue d'établir un premier classement. Le prologue est né ! A cette occasion le Basque Errandonea détrône de six secondes Poulidor, Maillot Jaune virtuel le temps d'un espoir ! Cinq jours plus tard, au cours de l'étape reliant Roubaix à Jambes en Belgique, le Français Pingeon, en état de grâce, lâche ses compagnons d'échappée dans le "mur de Thuin" et prend la tête de l'épreuve avec un crédit de six minutes. Poulidor décide d'attaquer dans les Vosges.
Victime d'une défaillance dans le Ballon d'Alsace, relégué à onze minutes, il perd tout espoir de remporter la course. Le Limousin décide alors de se mettre au service de son équipier Pingeon. Ainsi laisse-t-il filer une probable victoire d'étape à Briançon pour soutenir dans le col du Galibier son compagnon en difficulté. Sa générosité lui fait gagner le cœur des foules.
La caravane traverse les Alpes-de-Haute-Provence et fait route vers le bord de mer pour atteindre Marseille sous une chaleur accablante.
A la veille de l'escalade du Mont Ventoux Pingeon, toujours paré de jaune, a plus de quatre minutes d'avance sur le Français Letort qui précède Jimenez, Balmanion, Gimondi, Aimar, Simpson et Janssen.

13 JUILLET - MARSEILLE - CARPENTRAS - 211 KM

L'étape tragique...

Pendant que les coureurs se rassemblent sur le Vieux-Port, baigné de lumière, plusieurs journalistes et photographes assis

Est-ce la vision du Ventoux ou ce qu'il est en train de boire qui fait grimacer Tom Simpson au ravitaillement de Carpentras ?
© Le Dauphiné Libéré.

sur la terrasse du "Bar de la Marine" confessent leur inquiétude. Comment va se dérouler l'ascension du "Géant de Provence" sur un parcours dévoré de soleil ? Tous ont encore en mémoire les terribles événements survenus en 1955, au cours d'une étape partie du même endroit.
Dans des effluves d'embrocation, les coureurs distribuent poignées de mains et autographes. Tout près de la voiture de l'équipe britannique, Tom Simpson plaisante avec son ami Barry Hoban. Au même moment, une salve d'applaudissements répond au geste d'amitié que Poulidor adresse à la foule depuis le podium bariolé où les concurrents signent la feuille de départ.
Un dernier regard furtif vers Notre-Dame de La Garde qui trône au-dessus d'une forêt de mâts et Jacques Goddet, debout à l'arrière de sa "404", libère la troupe déjà en sueur.
L'étape commence mal. Aux environs du petit village de Calas, à moins de vingt kilomètres du départ, un chien errant s'immisce dans le peloton et provoque une chute collective. L'Italien Mugnaini, un fidèle équipier de Gimondi et l'Allemand Peffgen ne peuvent se relever, immobilisés par de nombreuses fractures. Le docteur Dumas, médecin du Tour, les fait transporter d'urgence en hélicoptère vers un hôpital de Marseille.

Tout le long du parcours, riverains et estivants encouragent et désaltèrent les coureurs qui respirent l'air brûlant des collines aux senteurs entêtantes. Après la Durance, la course entre en terre vauclusienne pour se diriger vers la combe de Lourmarin et escalader le col du Pointu. Il est midi trente, le thermomètre approche les 40°. Dans un concert de cigales à peine troublé par les coups de sifflet du motard qui ouvre la route, le peloton monte sans à-coups. C'est maintenant la descente vers Apt et la traversée des terres ocres de Roussillon au pied des Monts de Vaucluse franchis par le col de Murs. Les panneaux annoncent la proximité de Carpentras quand le Ventoux estompé par la brume de chaleur apparaît, grandiose, entre les coteaux arides.
Au cours de ce premier passage dans la cité Comtadine où sera jugée l'arrivée, les concurrents, toujours groupés, reçoivent avec leur musette les forces nécessaires pour affronter les vingt-deux kilomètres les plus durs de l'étape... et peut-être du Tour. Chacun alors ne pourra compter que sur lui-même pour atteindre un sommet où, même la végétation a du mal à s'élever !
Poulidor, dernier vainqueur du Ventoux et l'efficace Jimenez se portent aux avant-postes dès la sortie de Bédoin. Les plus forts les escortent, les autres s'accrochent à leurs roues. Peu après le virage de Saint-Estève, le Castillan porte une attaque que seul Poulidor peut contenir. D'un peloton en cours de désagrégation, huit coureurs émergent et réussissent, grâce à un violent effort, à rejoindre les deux hommes de tête. La sélection est opérée, l'élite de la course est là :

Poulidor et Jimenez partis devant, Gimondi, Pingeon le Maillot Jaune, Janssen, Balmanion et Simpson, déjà en difficulté, tentent de limiter les dégâts. © Le Dauphiné Libéré.

Pingeon, Balmanion, Gimondi et Janssen toujours ensemble alors que Simpson vient de lâcher prise. © Le Dauphiné Libéré.

Pingeon avec son maillot aux couleurs du soleil, Gimondi, Aimar, Janssen, Simpson, Balmanion, Letort et Castello. L'Espagnol, mécontent de ce retour, accélère une fois de plus. Seul à nouveau Poulidor peut répondre à cet assaut. Les deux coureurs se dégagent avant d'arriver au Chalet Reynard.

Le groupe de poursuivants se scinde en deux. Pingeon, Gimondi, Simpson, Balmanion et Janssen précèdent Aimar, Letort et Castello. Petit à petit, l'Anglais Tom Simpson, livide, les yeux fixes, aplati sur son vélo, perd du terrain. Rejoint par Aimar et Letort, il tente à plusieurs reprises de relancer l'allure en se dressant sur les pédales mais il n'a pas la force de poursuivre son action.

A l'avant de la course, Jimenez vient de lâcher Poulidor en difficulté du côté de la fontaine de la Grave et s'en va seul dans les éboulis chauffés à blanc. Le Français, très encouragé, monte en dodelinant de la tête, bientôt rattrapé par le Maillot Jaune accompagné de Gimondi, Janssen et Balmanion. Derrière, Simpson encouragé de la voix et du geste par son directeur sportif semble collé à la route. Plus bas, les autres coureurs dispersés sur plusieurs kilomètres n'ont plus d'autre souhait que d'atteindre la ligne d'arrivée dans les délais.

Jimenez et Poulidor sur l'avant-scène. © Le Dauphiné Libéré.

Poulidor ne peut empêcher le départ de l'Espagnol. © Le Dauphiné Libéré.

Jimenez sous les feux de l'actualité ! © Le Dauphiné Libéré.

Poulidor rattrapé par le groupe de poursuivants composé du Maillot Jaune, de Balmanion, de Gimondi et de Janssen. © Le Dauphiné Libéré.

Jimenez va passer en tête au sommet. © Le Dauphiné Libéré.

Jimenez caracole toujours à l'avant mais n'arrive pas à creuser un écart significatif sur ses poursuivants. Peut-être son ambition se limite-t-elle au Grand Prix de la Montagne ? Le voici dans le dernier et difficile virage avant la terrasse de l'Observatoire, précédant les motos des reporters et la voiture "Bic" où un mécanicien tient à bout de bras par la fenêtre un vélo de secours. Une minute plus tard alors qu'il traverse déjà à toute allure la combe de la Loubatière sur l'autre versant, Gimondi, Janssen, Pingeon et Balmanion passent au sommet une poignée de secondes avant Poulidor dont l'im-

mense popularité peut se mesurer à l'enthousiasme débordant des spectateurs. C'est au tour d'un petit groupe emmené par Aimar de franchir la cime.
Simpson qui atteint les deux derniers kilomètres de l'ascension est doublé maintenant par les plus piètres grimpeurs. Il progresse au ralenti en zigzaguant sur toute la largeur de la route puis vacille sur son vélo et tombe. Des supporters accourent et le remettent en selle. Il repart dans un mouvement d'automate puis sa tête s'affaisse sur le guidon. Il est retenu dans sa chute par des spectateurs qui le descendent de vélo et l'allongent au bord de la route sur un lit de pierre. Il gît, inanimé, les yeux révulsés. Un homme tente aussitôt de lui porter secours en pratiquant le bouche à bouche.
Alerté par radio, le docteur Dumas, accompagné d'une infirmière de la Croix-Rouge, arrive très rapidement sur les lieux et commence des soins intensifs. Un spasme fait poindre un espoir...
Dans la descente, la course change de tournure. Jimenez est repris par ses poursuivants, Aimar et Letort, auteurs d'une plongée acrobatique dans la vallée doublent Poulidor et viennent renforcer le groupe de tête composé de Pingeon, Gimondi, Balmanion, Janssen et Jimenez.
Un hélicoptère de la Gendarmerie dans lequel on continue sans relâche des soins sur un corps inerte quitte les flancs du Ventoux pour l'hôpital d'Avignon.
Les échappées rentrent dans Carpentras et arrivent sur le boulevard de la Pyramide où le Hollandais Jan Janssen remporte la victoire au sprint.
Les journalistes réunis dans le cadre austère de la chapelle de l'ancien collège, aménagée en salle de presse, rédigent leurs comptes rendus de la journée. Félix Lévitan, le directeur-

La stèle érigée en la mémoire de Tom Simpson...
au sommet du Ventoux.

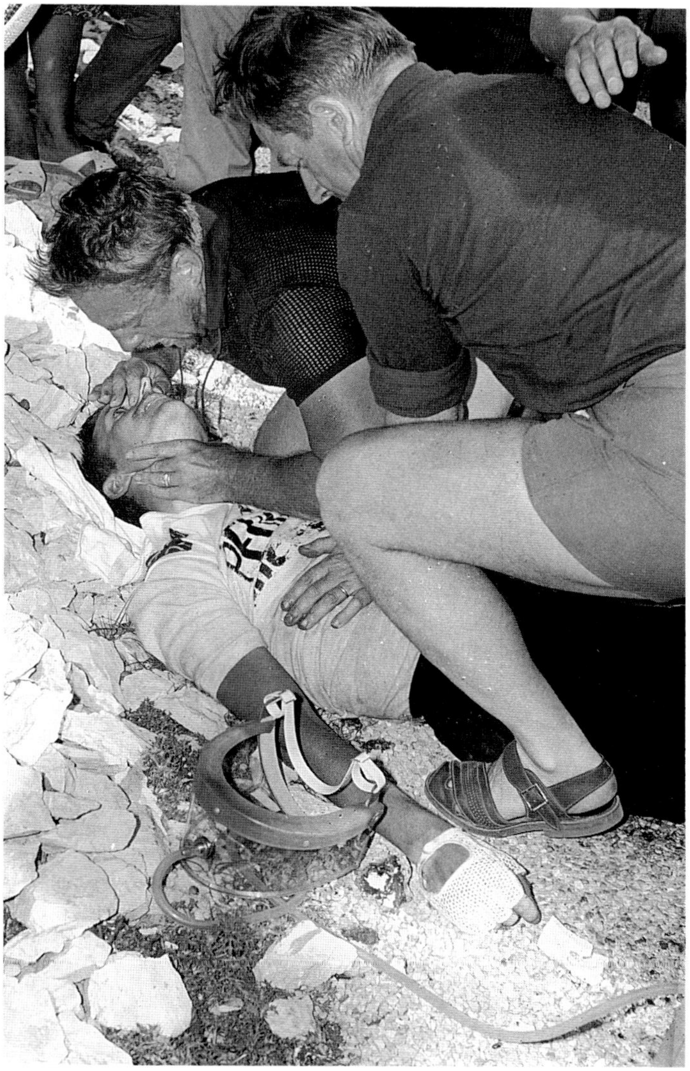

Simpson sur un lit de caillasse entre la vie et la mort,
reçoit les soins du docteur Dumas.
© Presse Sports.

adjoint de l'épreuve, surgit. Le visage blême, il lit un communiqué se terminant ainsi :
"Tom Simpson est décédé à 17 heures 40. Les médecins ont décidé de refuser le permis d'inhumer".
C'est la stupéfaction. Coureurs et suiveurs ont perdu un ami.
L'onde de choc se propage bien au-delà de nos frontières. Jacques Goddet demande dans le journal "L'Equipe" du lendemain que toute la lumière soit faite sur cette terrible affaire.

Janssen remporte le sprint à Carpentras. © Le Dauphiné Libéré.

LES PASSAGES AU SOMMET DU MONT VENTOUX	
1er - J. Jimenez	6e - R. Poulidor à 1'20''
2e - F. Gimondi à 1'10''	7e - D. Letort à 2'20''
3e - J. Janssen m.t	8e - L. Aimar m.t.
4e - F. Balmanion m.t	9e - N. Van Clooster m.t
5e - R. Pingeon à 1'15''	10e - E. Castello m.t.

LE CLASSEMENT DE L'ETAPE MARSEILLE - MONT VENTOUX	
1er - J. Janssen	6e - J. Jimenez à 4''
2e - F. Gimondi m.t	7e - D. Letort m.t
3e - R. Pingeon à 2''	8e - D. Puschel à 2'02''
4e - F. Balmanion m.t	9e - E. Castello à 2'04''
5e - L. Aimar m.t.	10e - R. Poulidor m.t

Les dernières étapes...

En hommage à leur camarade, les équipiers de Tom décident de rester dans la course. Après une minute de silence chargée d'émotion, le peloton quitte Carpentras pour Sète où Barry Hoban va chercher la victoire avec l'assentiment général. Pingeon passe les Pyrénées sans être trop inquiété par Jimenez, alors que Gimondi, souffrant, atteint Luchon avec plusieurs minutes de retard et voit s'envoler toutes ses chances de remporter une nouvelle fois l'épreuve malgré une belle victoire quatre jours plus tard au sommet du Puy-de-Dôme. Entre-temps, Raymond Mastrotto et Jean Stablinski signent deux beaux succès d'étape. Le dernier jour, Poulidor, follement encouragé, pénètre sous les ovations du public dans le Parc des Princes et remporte la traditionnelle épreuve contre la montre entre Versailles et Paris. Pingeon quant à lui gagne le Tour.

CLASSEMENT GENERAL FINAL	
1er - Roger Pingeon	6e - L. Aimar à 9'47''
2e - J. Jimenez à 3'40''	7e - F. Gimondi à 10'14''
3e - F. Balmamion à 7'23''	8e - J. Huysmans à 16'45''
4e - D. Letort à 8'18''	9e - R. Poulidor à 18'18''
5e - J. Janssen à 9'47''	10e - F. Manzaneque à 19'22''

VAINQUEUR DU GRAND PRIX DE LA MONTAGNE :

Julio Jimenez

L'enquête ouverte à la suite de la tragédie du Ventoux devait confirmer un pressentiment général. Le coureur anglais avait fait usage de produits dopants. La découverte dans son maillot de plusieurs tubes d'amphétamines et les résultats de l'autopsie l'attestaient.
La prise de ces substances combinée aux efforts violents consentis sous une chaleur extrême était venue à bout de ce champion.
Rendre cette mort inutile eut été vouloir le faire mourir une seconde fois.
La généralisation des contrôles préventifs et la sévérité des sanctions auront permis d'éviter de tels drames dans toutes les disciplines sportives.

La carrière de Tom Simpson

Né le 30 novembre 1937 à Hartwoth dans le Yorkshire (G.B.).

Professionnel en 1959.
- Champion du monde sur route, 1965.
- 1er Tour du Sud-Est, 1960.
- 1er Tour des Flandres, 1961.
- 1er Bordeaux-Paris, 1963.
- 1er Milan-San Remo, 1964.
- 1er Tour de Lombardie, 1965.
- 1er Paris-Nice, 1967.

Premier Britannique à revêtir le Maillot Jaune (Tour de France 1962).

© J.-P. Prulière.

Avant d'aborder le Ventoux, le Portugais Agostinho tente la belle mais Merckx veille.
© Le Dauphiné Libéré.

Le Belge se désaltère à côté de Jean-Marie Leblanc, actuel Directeur du Tour de France.
© Le Dauphiné Libéré.

1970

Les premières étapes...

Dès sa première participation en 1969, Eddy Merckx remporte le Tour de France, il s'adjuge six étapes et repousse Pingeon, deuxième, à plus d'un quart d'heure au classement final ! Un an après, déjà vainqueur du Tour d'Italie, le voici au départ de la grande Boucle pour tenter un doublé que seuls jusqu'alors Fausto Coppi et Jacques Anquetil ont réussi. Qui pourrait l'en empêcher tant il domine avec insolence toutes les courses, obligeant les autres concurrents à se battre pour la seconde place ? Le prologue est enlevé par un Merckx rayonnant dans un nouveau Maillot Jaune que l'on croit définitivement acquis. Curieusement, dès la deuxième étape, il le cède à l'un de ses équipiers, l'Italien Zilioli, vainqueur à Angers au terme d'une longue mais fructueuse échappée. Après un passage en Bretagne et en terre normande, coureurs et suiveurs prennent la direction de la Belgique. Eddy Merckx, qui contrôle avec assurance chaque étape, tient à reprendre la première place du classement avant d'entrer dans son pays. De retour en France, après une rapide incursion au Luxembourg et en Allemagne, le Bruxellois, déchaîné, emmène un groupe sur les routes accidentées du Jura à plus de 41 km/h de moyenne, personne ne pouvant plus le suivre, il triomphe à Divonnes-les-Bains. Le lendemain, il signe une nouvelle victoire sur le circuit de cette ville. Quelques heures seulement se sont écoulées, et les concurrents malheureux de Merckx affrontent les cinq ascensions du massif de la Chartreuse. L'ogre n'est pas rassasié et passe à nouveau à l'offensive pour aller cueillir un nouveau bouquet à Grenoble. Lors de l'arrivée à Gap, chacun réalise avec quelques cols de plus dans les mollets, que le plus dur est encore à venir. Dans quelques heures les coureurs seront dans le Ventoux, là où trois ans plus tôt...

Le groupe de poursuivants se déchaîne derrière Merckx en difficulté.
(On reconnaît les Belges Van Impe et Van Den Bossche, les Français Poulidor et Thévenet et le Hollandais Zoetemelk). © Presse Sports.

10 JUILLET - GAP - MONT VENTOUX - 170 KM

Merckx en difficulté...

Les organisateurs du Tour de France en établissant l'itinéraire de l'étape disculpent définitivement la montagne dans la tragique disparition de Tom Simpson. Cependant, pour conjurer le sort et afin d'éviter d'éventuelles défaillances, l'arrivée est prévue en fin d'après-midi, à l'heure où l'astre atténue son feu dans le désert rocailleux.
Au départ de Gap, le Belge porte un crêpe noir sur son Maillot Jaune. Il a une raison de plus de vouloir remporter une sixième victoire d'étape dans ce Tour qu'il régente, il veut l'offrir à son mentor Vicente Giacotto, manager de la "Faema", mort la veille.
Aussi, avec l'aide de son équipe, enraye-t-il les nombreuses tentatives d'échappées de la part notamment de l'Allemand Wolfshol. A proximité du village de Monieux, le Belge Nuelant chute et se fracture la jambe gauche. Il est immédiatement évacué vers l'hôpital de Carpentras.
Au sortir des gorges de la Nesque, sur la route qui mène à Bédoin, dans le bruissement des roues et le scintillement des rayons la montagne se découvre belle et souveraine.
A l'issue d'un sprint disputé dans le village de Mormoiron, Guimard, Danguillaume, Labourdette et Polidori s'enfuient.
Dans la traversée du hameau des Bruns, comme charmé par un sommet pourtant redouté, sous l'impulsion de Merckx, le peloton s'étire tel un serpent multicolore. Les quatre éclaireurs sont récupérés. Il reste encore 13 kilomètres d'escalade lorsque, à la hauteur des cèdres majestueux, le coureur du plat pays accélère l'allure déjà rapide.
Poulidor, Van Impe et Agostinho tentent de s'accrocher mais seul le Portugais insiste et son visage ruisselant trahit la violence de l'effort.
Quand apparaissent les pins noirs, le grimpeur de Lisbonne, gêné par un dérailleur récalcitrant, lâche prise. Il est vite

Eddy Merckx, à bout de souffle, arrive au sommet où il s'écroulera victime d'un malaise. © Presse Sports.

rejoint puis dépassé par Poulidor qui monte à un rythme régulier, escorté d'une escouade de Belges, du Hollandais Zoetemelk, de Gosta Petterson et de Zilioli bientôt épaulés par le jeune Bernard Thévenet et l'Espagnol Galdos.
Plus haut, déjà dans la caillasse, Merckx, flanqué des motards de la presse, aiguillonné par un directeur sportif confortablement assis dans sa voiture, continue son infernale ascension. Fermant la marche du cortège, encore dans les fayards, devant un camion-balai s'essoufflant dans la pente, une poignée de sans-grade ahane entre deux poussettes interdites mais réconfortantes.
Incroyable ! les haut-parleurs installés aux abords de la ligne d'arrivée annoncent que Merckx est en difficulté ! A un peu moins de trois kilomètres du sommet, la bouche ouverte à la recherche d'un surplus d'oxygène, le visage défait, il puise au fond de ses ressources pour conserver une avance qui s'amenuise sous la violente poussée de ses poursuivants. Les spectateurs, parmi lesquels de nombreux Belges, redoublent d'encouragements. Dans un moment aussi pénible, le champion trouve la force d'ôter sa casquette et de se signer devant la stèle érigée à la mémoire de Tom Simpson, son ancien compagnon, auquel il sera désormais difficile de rendre un plus bel hommage.
Le groupe de chasse d'où Van den Bossche et Van Impe viennent de s'extirper est au col des Tempêtes lorsque le Maillot Jaune, exténué, passe sous la banderole sans aucun geste de victoire, la fin de la souffrance suffisant à sa joie. Aussitôt, entouré par les photographes et les représentants des marques publicitaires, pressé de questions par les journalistes, oppressé, le vainqueur du jour s'écroule. Il est immédiatement placé sous un masque à oxygène dans l'ambulance où se trouve déjà Van den Bossche, deuxième de l'étape, victime lui aussi d'un malaise en descendant de vélo !
Régénéré quelques minutes plus tard, le Bruxellois se rend au

contrôle médical qui confirme un épuisement physique normal après un tel effort. Toute la caravane est rassurée. Le sommet du Mont Ventoux rappelle que Merckx le prodige est aussi un homme.
Dans la soirée, ses forces retrouvées lui permettent de déclarer aux journalistes qui l'interrogent sur les raisons de son attaque prématurée :
"... ayant reconnu le Ventoux, j'avais décidé de porter mon attaque à cet endroit, pour moi c'était le meilleur moment... Je voulais faire la différence très vite, puis poursuivre l'ascension à ma vitesse. Creuser des écarts importants ne m'intéressait pas spécialement, seule la victoire comptait...".

Près du ciel, Eddy Merckx est allé jusqu'au bout de lui-même pour saluer une dernière fois la mémoire de son ami Giacotto.

CLASSEMENT DE L'ETAPE GAP - MONT VENTOUX	
1er - Eddy Merckx	6e - R. Delisle à 1'31"
2e - M. Van Den Bosche à 1'11"	7e - T. Houbrechts m.t.
3e - L. Van Impe à 1'21"	8e - R. Poulidor m.t.
4e - R. Wagtmans m.t.	9e - G. Petterson à 1'39"
5e - B. Thévenet à 1'25"	10e - G. Galdos m.t.

Les dernières étapes...

Entre Alpes et Pyrénées les arrivées se terminent au sprint. A Saint-Gaudens, l'Espagnol Luis Ocana, mal à l'aise depuis le début du Tour, retrouve la forme et gagne l'étape, détaché. Le Bourguignon Bernard Thévenet en confiance après son excellente prestation dans la chaleur du Mont Ventoux, confirme son talent en l'emportant à la Mongie sous un épais brouillard. Merckx surveille le peloton avec autorité et avant de triompher pour la deuxième fois consécutive à Paris, il gagne les deux épreuves contre la montre, portant à huit ses victoires d'étape dans ce 57e Tour de France.

CLASSEMENT GENERAL FINAL	
1er - Eddy Merckx	6e - L. Van Impe à 20'34"
2e - J. Zoetemelk à 12'41"	7e - R. Poulidor à 20'35"
3e - G. Petterson à 15'54"	8e - T. Houbrechts à 21'34"
4e - M. Van Den Bossche à 18'53"	9e - F. Galdos à 21'45"
5e - R. Wagtmans à 19'54"	10e - G. Pintens à 23'23"

VAINQUEUR DU GRAND PRIX DE LA MONTAGNE :

Eddy Merckx

Bernard Thévenet et Mariano Martinez avant le départ.
© Le Dauphiné Libéré.

1972

Les premières étapes...

Eddy Merckx aurait-il remporté le Tour de France 1971 si le fougueux Luis Ocana, qui le précédait de plusieurs minutes au classement, n'avait pas été contraint à l'abandon à la suite d'une chute dans le col de Menté ?
En ce début d'été tout le monde attend avec impatience une nouvelle confrontation entre ces deux athlètes au caractère si opposé, l'un forgé par le soleil brûlant du sud, l'autre par le vent froid du nord !
Le Belge domine le prologue à Angers mais abandonne le Maillot Jaune au jeune Cyrille Guimard, vainqueur d'un sprint très disputé à Saint-Brieuc. Malgré la suprématie de Merckx et de son équipe lors de deux étapes contre la montre, le Français conserve le paletot jusqu'au pied des Pyrénées où il doit se résoudre à le rendre au Bruxellois. Dans ce massif montagneux, un grand nombre de spectateurs espagnols espèrent un exploit du Castillan des Landes au cours des deux journées qui suivent. Malheureusement ses supporters seront déçus. Victime d'une chute avec Thévenet et Santy le premier jour, Ocana se fait distancer par Merckx le lendemain à l'entrée de Luchon. Il quitte ces froides montagnes avec un retard inférieur à 3 minutes et pense aux Alpes où il a été si brillant l'année précédente.
En attendant, la caravane arrive sur les bords de la Méditerranée, accueillie par le soleil et le chant des cigales. Le répit est de courte durée. Dans quelques heures, les pentes abruptes du versant nord du Ventoux vont se dresser devant les coureurs.

13 JUILLET - CARNON-PLAGE - MONT VENTOUX - 207 KM

Thévenet surprend les favoris...

La mer et le sable fin n'incitent pas les cyclistes à quitter Carnon-Plage pour aller guerroyer sur une montagne aride. Aussi le peloton musarde-t-il, servi par un fort mistral susceptible de briser les ailes du premier fuyard.
Dès les vignobles de Tavel, pointe à l'horizon la couronne blanche du Ventoux à la fois proche et lointain. Cette apparition engage la garde prétorienne de Merckx à accélérer l'allure. Les échines se courbent, les coureurs tentent de s'abriter d'un vent soufflant tantôt de face, tantôt de côté. Le peloton se façonne ainsi au gré des bourrasques. Ils arrivent maintenant à Malaucène, au pied de la montagne, pour se départager dans une véritable "course de côte" de 21 kilomètres. Les qualités de grimpeur d'Ocana, doté aujourd'hui d'un vélo en titane, ne demandent qu'à s'exprimer.

Au début de l'escalade Van Den Bossche, un équipier de Merckx, accélère l'allure pour éviter toute offensive d'Ocana. © Le Dauphiné Libéré.

Seuls Merckx et Poulidor peuvent résister aux assauts d'Ocana. © Le Dauphiné Libéré.

Le brusque virage au milieu du village permet à deux équipiers du Belge de déclencher les hostilités pour prévenir toute offensive du Castillan. Ce violent assaut éparpille les concurrents et, après cinq kilomètres d'ascension, 10 hommes ouvrent la route : Van Den Bossche, De Schoemmaecker avec dans leurs roues, Merckx, Ocana, Poulidor, Agostinho, Van Impe, Zoetemelk, Thévenet et Martinez. Le Bruxellois se souvient des conséquences douloureuses de son escapade deux ans auparavant et reste bien sagement dans le groupe, laissant aux autres, notamment à Ocana, le soin de prendre l'initiative. Celui-ci qui se verrait bien engranger une ou deux minutes d'avance au sommet, place, dans les parties les plus pentues, plusieurs accélérations fatales aux moins forts. Merckx comble les brèches sans à-coup et revient à ses côtés, parfois même le dépasse d'une longueur en signe de défi.

Poulidor, quelques mètres en retrait, contrôle la situation sans prendre part à la lutte. Ocana ne peut se défaire de son escorte Franco-Belge et semble rendre les armes après la débauche d'efforts consentis lors de ses précédentes attaques. Van Impe, Martinez et Agostinho, qui a trouvé le moyen de tomber en pleine escalade, profitent de cette accalmie pour rejoindre le trio de tête.

Le groupe ainsi reconstitué atteint maintenant les champs de caillasse où l'horizon s'élargit jusqu'aux Alpes.

De nombreux étrangers, disséminés dans la multitude des spectateurs qui bordent maintenant la route jusqu'à la cime, agitent banderoles et drapeaux pour encourager leurs compatriotes.

Soudain, à moins de trois kilomètres du but, jaillissant de l'arrière à une vitesse impressionnante, Bernard Thévenet, distancé dans les sous-bois, rattrape ses compagnons dans ce désert de pierres. Un instant en retrait pour reprendre son souffle, il s'élance vers l'avant, porté par une irrépressible énergie qui le propulse

deux virages plus haut sous l'œil froid d'une caméra de l'Eurovision. Quel exploit pour ce champion qui porte encore les traces de sa chute violente dans les Pyrénées ! Ses poursuivants, médusés, le regardent cavaler comme un voleur de victoire. Le public agglutiné au faîte de la montagne lui réserve un accueil à la hauteur de sa performance.
Un peu plus bas, à l'approche de la ligne d'arrivée, Merckx se dresse sur les pédales et produit un dernier effort pour donner l'estocade à Ocana, grand perdant du jour...
Cyrille Guimard, distancé, perd la deuxième place du classement général mais conserve son beau maillot vert.
Le vainqueur est sur le point d'aller fleurir la stèle de Tom Simpson lorsqu'arrive avec près d'une demi-heure de retard le dernier concurrent.
L'écrivain Antoine Blondin commentera ainsi dans "L'Equipe" la résurrection de Bernard Thévenet après sa terrible chute :
"A moitié d'une épreuve patiemment décantée, nous attendions enfin des attaquants positifs ; il nous en surgit un de l'arrière, dans un fracas de chaîne superbement triturée. Ne nous y trompons pas : depuis quelques jours, nous avions plutôt tendance à considérer la présence de Thévenet dans le peloton comme celle d'un fantôme, c'est un revenant".

**CLASSEMENT DE L'ETAPE
CARNON PLAGE
MONT VENTOUX**

1er - Bernard Thévenet
2e - E. Merckx à 34''
3e - L. Ocana à 39''
4e - R. Poulidor à 51''
5e - M. Martinez à 1'01''
6e - J. Agostinho à 1'18''
7e - L. Van Impe à 1'25''
8e - F. Gimondi à 1'46''
9e - J. Zoetemelk à 1'55''
10e - E. Janssens à 1'58''

Plusieurs coureurs, dont Van Impe, rejoignent le groupe de tête.
© Le Dauphiné Libéré.

Le surprenant Thévenet, revenu de l'arrière, double tout le monde et s'en va seul au sommet. © Le Dauphiné Libéré.

Les dernières étapes...

Luis Ocana ne peut renouveler à Orcières-Merlette l'action d'éclat accomplie un an plus tôt. Au pied des grands cols alpins, Merckx est aux avant-postes. Il force l'allure dans l'escalade du col de Vars et accélère encore dans l'Izoard pour se défaire de Guimard, toujours vêtu du Maillot Vert. Le voilà seul dans la "casse déserte", où tant de héros du Tour sont venus chercher leur consécration, avant de l'emporter à Briançon au pied de la citadelle.

Thévenet franchit la ligne sous les ovations de la foule. © Le Dauphiné Libéré.

En dépit d'une tendinite au genou, l'indomptable Guimard souffle sans complexe la victoire au coureur Belge à Aix-les-Bains, et le lendemain au sommet du Revard pour un petit centimètre ! Ocana, malade, n'a pas pris le départ de l'étape. Thévenet réédite au sommet du Ballon d'Alsace son exploit du Mont Ventoux après un éclatant final. Malheureusement, entre Vesoul et Auxerre, Cyrille Guimard n'arrivant plus à pédaler quitte la course qu'il a marqué de son grand talent. Il ne reste plus à Merckx qu'à gérer ses dix minutes d'avance pour signer à Paris sa quatrième victoire consécutive au Tour de France.

CLASSEMENT GENERAL FINAL	
1er - Eddy Merckx	6e - M. Martinez à 21'31"
2e - F. Gimondi à 10'41"	7e - Y. Hézard à 21'52"
3e - R. Poulidor à 11'34"	8e - J. Agostinho à 34'16"
4e - L. Van Impe à 16'45"	9e - B. Thévenet à 37'11"
5e - J. Zoetemelk à 19'09"	10e - E. Janssens à 42'33"

VAINQUEUR DU GRAND PRIX DE LA MONTAGNE :

Lucien Van Impe

Après son violent effort le Bourguignon récupère dans l'ambulance. © Le Dauphiné Libéré.

1974

Les premières étapes...

En 1973, Merckx, déjà vainqueur de la "Vuelta" (1) et du "Giro" (2), a fait l'impasse sur le Tour de France qu'a remporté de façon magistrale Luis Ocana. Cette année, le Castillan, blessé, n'est pas au rendez-vous mais Merckx revient avec la ferme intention de décrocher une cinquième victoire pour égaler le record de Jacques Anquetil.

Après le départ donné à Brest et un rapide détour en Angleterre la course revient en Bretagne où, à Saint-Pol-de-Léon, le champion belge offre son Maillot Jaune, acquis dès le prologue, à son équipier Joseph Bruyère. Un bref passage sur les épaules de Karstens puis de Sercu, et le paletot est récupéré par le Bruxellois avant les Alpes.

En route vers Gaillard, il passe à l'attaque au pied du col de Salève, fait éclater le peloton et gagne l'étape devant Poulidor, Panizza, Agostinho et le petit mais talentueux Aja. Ce grimpeur espagnol s'échappe le lendemain dès les premières rampes du Mont du Chat, imité peu après par "Poupou", lequel à l'aube de ses 40 ans laisse Merckx sur place ! Celui-ci accusant un retard supérieur à la minute au sommet, effectue une descente à tombeau ouvert, rattrape le Limousin et remporte l'étape à Aix-les-Bains. Quelques heures plus tard, au seuil du célèbre col du Galibier, Thévenet, mal remis d'un zona, quitte la course. Un peu plus loin, dans les faux plats du Plan-Lachat, Poulidor accuse le coup. Il perd de précieuses minutes sur Lopez-Carril, vainqueur de l'étape mais aussi sur Merckx, Galdos et Aja. Peut-être espère-t-il rétablir la situation au cours de l'ascension du Mont Ventoux où il s'est toujours distingué ?

10 JUILLET - SAVINES LE LAC - ORANGE - 231 KM

Aja conquiert le versant ouest...

Une multitude de petits voiliers blancs glissent doucement sur l'eau frissonnante, à proximité de la chapelle Saint-Michel, seule trace visible du village de Savines englouti dans le lac de Serre-Ponçon. Pendant ce temps, sur la place du nouveau bourg, envahi par une foule d'estivants, des haut-parleurs, entre deux annonces publicitaires, invitent les coureurs à se présenter au contrôle de départ de cette 12e étape.

Avant d'arriver, en fin d'après-midi, au pied de la colline Saint-Eutrope à Orange, les concurrents vont emprunter la route qui relie Sault à la cime du Ventoux, où d'avantageuses bonifications seront octroyées aux premiers. Bien que cet itinéraire du flanc ouest soit réputé plus facile, Merckx devra surveiller les deux Espagnols, Aja et Lopez-Carril dont le retard au classement général ne dépasse pas les trois minutes.

La caravane publicitaire avec ses camions bariolés, ses acrobates à moto, et ses vendeurs de journaux est déjà dans la nature, traversant les champs de lavande et de coquelicots, lorsque sous les vivats de la foule, le peloton quitte ce décor de vacances.

La longue procession longe la Durance, puis remonte la Méouge et ses gorges pittoresques avant d'atteindre le charmant village de Séderon. Au cours de l'ascension du col de Macuègne, les coureurs aperçoivent au loin l'arête blanche du versant nord du Mont Ventoux qui se détache dans le ciel bleu. Les Belges Bruyère et Leman chutent dans la descente, seul le premier, équipier du Maillot Jaune peut reprendre la route. Le peloton, toujours groupé à l'entrée de Sault, se dirige vers la route du Ventouret.

Au-dessus du Chalet Reynard, à 5 kilomètres du sommet, Merckx et son compatriote De Schoenmaecker contrent une tentative d'échappée de Danguillaume, Bal et Zubero. Un kilomètre plus loin, Gonzalo Aja démarre sèchement malgré un vent de plus en plus violent. Merckx, soucieux de ne pas se faire distancer, accélère le train. Trois coureurs seulement peuvent l'accompagner : Poulidor, qui n'hésite pas à relancer l'allure, Delisle et Galdos. Les lâchés forment un groupe emmené par Lopez-Carril où l'on reconnaît Panizza, Agostinho, Lasa, Pingeon, Martinez, Pollentier, Bruyère et Zubero.

En vue du sommet, Aja devance de trente secondes le Belge et son escorte et d'une minute le groupe contrôlé par Lopez-Carril. Le gros du peloton quant à lui s'effiloche dans les virages plus bas.

Sous les rafales du mistral qui dispersent les cris d'encouragements du public dans les combes, le petit Espagnol atteint la terrasse de l'observatoire 17 secondes avant... Poulidor qui a légèrement distancé au sprint le champion belge, Delisle et Galdos.

Au cours de la descente Aja est rejoint par ses quatre poursuivants quand Delisle et Merckx sont victimes d'une crevaison. Lopez-Carril, Lasa, Panizza, Martinez et Agostinho rattrapent les hommes de tête au prix d'une descente acrobatique.

1) Tour d'Espagne.
2) Tour d'Italie.

Au-dessus du chalet Reynard. Merckx et De Schoenmaecker ramènent le peloton sur Danguillaume, Bal et Zubero. © Le Dauphiné Libéré.

Aja, seul en tête, dans le dernier virage avant le sommet et ses bonifications. © Le Dauphiné Libéré.

Delisle, Poulidor, Merckx et Galdos à la poursuite d'Aja.
© Le Dauphiné Libéré.

Entre Malaucène et Carpentras avec l'aide d'un vent devenu favorable, le peloton se reconstitue grâce aux relais efficaces des Guimard, Sercu et Karstens, réduisant à néant les faibles écarts enregistrés dans un Ventoux amputé d'une quinzaine de kilomètres d'ascension sélective.
A moins de trente kilomètres de l'arrivée, Raymond Riotte, Galdos décidément très actif aujourd'hui, Janssens, Spruyt, imités un peu plus tard par Den Hartog, tentent la belle. Le peloton ne réagit pas et ce groupe conserve une avance suffisante pour rallier l'antique cité romaine où le Belge Joseph Spruyt de l'équipe "Molténi" remporte facilement le sprint.

LES PASSAGES AU SOMMET DU MONT VENTOUX	
1er - G. Aja	6e - W. Panizza à 58"
2e - R. Poulidor à 17"	7e - J. Agostinho m.t
3e - R. Delisle à 19"	8e - V. Lopez-Carril m.t
4e - F. Merckx m.t	9e - M. Lasa m.t
5e - F. Galdos m.t	10e - M. Martinez m.t

LE CLASSEMENT DE L'ETAPE SAVINES LE LAC - ORANGE	
1er - Joseph Spruyt	6e - J. Esclassan à 41"
2e - F. Den Hartog m.t	7e - C. Guimard m.t
3e - W. Janssens m.t	8e - G. Van Roosbroeck m.t
4e - R. Riotte m.t	9e - B. Hoban m.t
5e - F. Galdos m.t	10e - G. Karstens m.t

Poulidor surprend Merckx et arrive en 2ᵉ position au sommet. © Le Dauphiné Libéré.

A Orange sur le podium, Merckx, Maillot Jaune avec son équipier Spruyt, vainqueur de l'étape. © Le Dauphiné Libéré.

Les dernières étapes...

Barry Hoban s'impose au sprint à Montpellier devant les véloces Karstens, Sercu et Esclassan. Le lendemain à Colomiers, Jean-Pierre Genet apporte une nouvelle victoire à l'équipe "Gan-Mercier". Eddy Merckx s'adjuge la première étape pyrénéenne aboutissant à Seo de Urgel. Lors de la deuxième journée dans cette montagne, Poulidor qui n'a pas remporté de victoire dans le Tour depuis sept ans, surprend tout le monde en s'imposant au sommet du Pla d'Adet et en terminant second, derrière Jean-Pierre Danguillaume, quelques heures plus tard à la Mongie. Le Belge, premier du contre la montre de Bordeaux est battu par Pollentier au cours du même exercice à Orléans où "Poupou" ravit la deuxième place du classement général à Lopez-Carril. Une huitième victoire d'étape et une cinquième victoire du Tour attendent Merckx à Paris.

CLASSEMENT GENERAL FINAL	
1ᵉʳ - Eddy Merckx	6ᵉ - J. Agostinho à 14'24''
2ᵉ - R. Poulidor à 8'04''	7ᵉ - M. Pollentier à 16'34''
3ᵉ - V. Lopez-Carril à 8'09''	8ᵉ - M. Martinez à 18'33''
4ᵉ - W. Panizza à 10'59''	9ᵉ - A. Santy à 19'55''
5ᵉ - G. Aja à 11'24''	10ᵉ - H. Van Springel à 24'11''

VAINQUEUR DU GRAND PRIX DE LA MONTAGNE :
Domingo Perurena

1987

Les premières étapes...

Bernard Hinault, cinq fois premier et deux fois deuxième du Tour en huit participations, qui a mis un terme à sa carrière de coureur cycliste et l'Américain Greg Lemond, dernier vainqueur, victime d'un très grave accident de chasse, sont les grands absents de cette nouvelle édition dont le départ est fixé à Berlin. L'Irlandais Stephen Roche et le Colombien Lucho Herrera, victorieux respectivement des Tours d'Italie et d'Espagne font donc figure de favoris avec les Français Mottet, Fignon et l'autre Américain Handy Hampsten.
Après quatre étapes en terre allemande suivies par une foule enthousiaste, le Suisse Erich Maechler entre en France vêtu de jaune. Il cède son habit à Charly Mottet à l'issue de l'épreuve contre la montre reliant Saumur au "Futuroscope", remportée par Roche. Trois jours plus tard à Pau, Jean-François Bernard, Lucho Herrera, Erik Breukink et Pablo Wilches arrivent avec près de quatre minutes d'avance sur le peloton. Le jeune espoir Français, chef de file des "Toshiba", se retrouve alors à la deuxième place au classement général, à moins de deux minutes du leader. Le lendemain, en route vers Luz-Ardiden, le Maillot Jaune en difficulté ne doit son salut qu'au concours efficace de son ami Laurent Fignon. A l'arrivée, le Norvégien Lauritzen offre à son pays un premier succès d'étape dans le Tour de France. Le Colombien Herrera, deuxième, engrange les secondes en attendant les Alpes. Les victoires de Rolf Golz à Blagnac, de Régis Clère à Millau et de Jean-Paul Van Poppel à Avignon ne bouleversent en rien le classement général où l'écart entre le premier et le douzième ne dépasse pas les dix minutes. Mottet, toujours en tête mais visiblement fatigué, espère que la journée de repos sur les bords du Rhône lui permettra de récupérer des forces avant la redoutable ascension du Ventoux.

19 JUILLET - CARPENTRAS - MONT VENTOUX - 36,5 KM

Bernard entre dans la légende...

Le soleil vient de se lever mais l'air est encore vif dans la montagne. De nombreux spectateurs gravissent déjà la route ou le sentiers des différents versants pour prendre place aux endroits les plus spectaculaires. Une fois installés, réconfortés par des agapes improvisées et bientôt divertis par le passage de la caravane publicitaire, ils attendent patiemment l'événement.
Presque 30 ans après l'exploit de Charly Gaul, le public vient assister au combat solitaire des coureurs face à la montagne, sur un trajet allongé de 15 kilomètres de faux plats redoutés par les grimpeurs ailés. Le verdict de la journée ne livrera sûrement pas le nom du vainqueur du Tour mais désignera ceux dont les illusions se seront enfuies dans le désert de pierres.
Cette étape revêt de plus un aspect historique. La jonction entre Carpentras et la cime provençale correspondait déjà, en 1908, au tracé du "Marathon du Ventoux" remporté, cette année-là, en 2 heures 29 minutes par le bûcheron Jacques Gabriel sur un vélo sans dérailleur !
Les 36,5 kilomètres de ce parcours sont aujourd'hui recouverts d'un asphalte velouté mais le relief reste le même : 1 600 mètres de dénivelé !
Hier, favoris ou pas, la plupart des concurrents ont consacré leur journée de repos à une reconnaissance des lieux.
Le soleil est maintenant haut dans le ciel et la foule forme un ruban multicolore qui se déploie de la Cité Comtadine au sommet du Ventoux.
L'absence de vent et la chaleur modérée pour un mois de juillet permettront-ils la réalisation de grandes performances ? C'est le Belge Hermans, dernier du classement, qui ouvre la course à 11 heures, puis toutes les deux minutes, du tremplin installé près de la place du Quinconce, s'élancent les autres coureurs.
La moitié d'entre-eux a déjà atteint la terrasse de l'Observatoire, et le Suisse Winterberg détient toujours le record de l'ascension en moins de 1 h 25 minutes. Le jeune Espagnol Miguel Indurain qui découvre le Tour de France cette année fourbit ses armes en vue de futures victoires. Le moment du départ des meilleurs approche lorsque l'inattendu Martial Gayant achève son escalade et améliore de près de deux minutes la performance du Suisse.
Le public attend avec impatience le passage d'Eric Caritoux qui vit au pied même du Ventoux. Affaibli par une bronchite, le Flassanais donne le meilleur de lui-même mais son style heurté et son visage grimaçant traduisent sa souffrance. Mal-

gré les innombrables encouragements et sa parfaite connaissance des lieux, il ne peut rivaliser avec des adversaires en pleine santé. Laurent Fignon paye lui aussi son tribut à la montagne. A bout de force, il semble collé à la route, plusieurs coureurs partis après lui le dépassent. Les Colombiens Parra et Acevedo paraissent dans leur élément comme leur compatriote Lucho Herrera, qui avec une apparente facilité, s'élève à une allure étonnante. Cette impression se confirme lorsqu'on apprend qu'il vient de réaliser le meilleur temps au passage du Chalet Reynard.

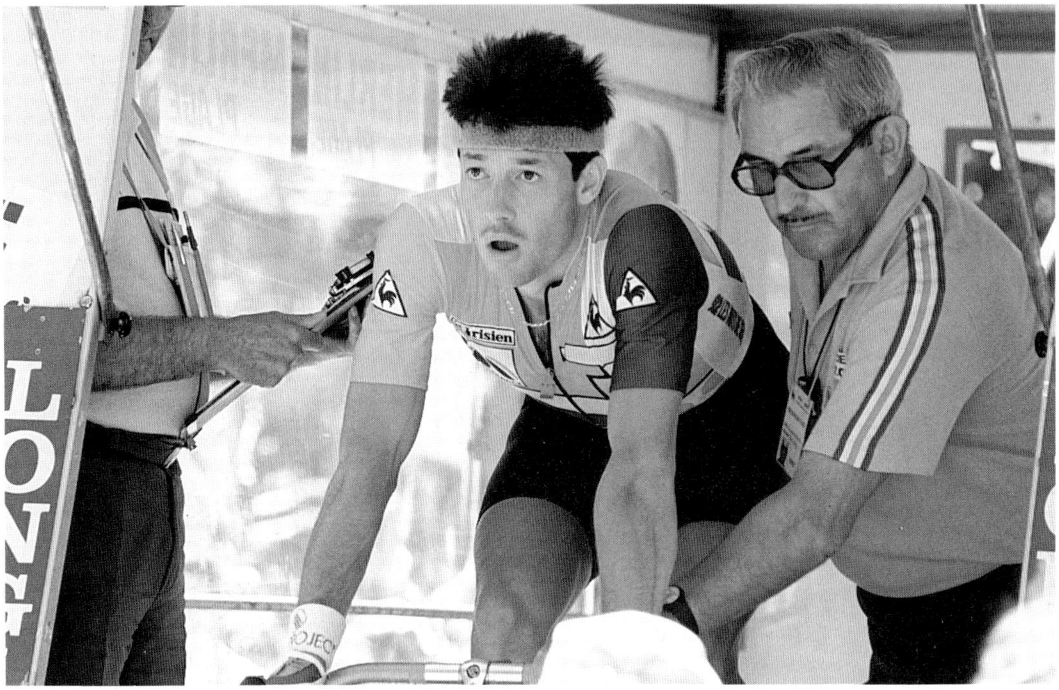

Jean-François Bernard concentré avant le départ.
© P. Chaline, Carpentras.

Eric Caritoux attendu par de nombreux supporters.
© P. Chaline, Carpentras.

L'Irlandais Stephen Roche en plein effort ! © Presse Sports.

Derrière les Sud Américains, l'Espagnol Pedro Delgado, renseigné par son directeur sportif, se bat pour ne pas perdre trop de temps.
Charly Mottet, vêtu de son lumineux Maillot Jaune prend à son tour le départ. Jean-François Bernard, parti juste avant lui, enroule sur la route de Bédoin un énorme braquet sur son vélo au cadre plongeant et à la roue arrière lenticulaire. Au pied de la montagne, il abandonne sa monture aérodynamique pour enfourcher un modèle traditionnel, plus efficace quand les pourcentages s'épanouissent. Les qualités reconnues de ce jeune coureur éclatent dès les premières pentes où sa vitesse d'ascension est étourdissante. Les muscles saillants, le regard rageur, debout sur les pédales, arc-bouté sur le guidon, il bondit de virage en virage, suivi par un essaim de motos et de voitures.
Plus haut dans les éboulis, la vision du cortège qui accompagne Stephen Roche le fait redoubler d'efforts. Le visage torturé par la douleur, la bouche grande ouverte, il creuse maintenant son chemin à travers la foule de plus en plus dense à l'approche du sommet qu'il atteint dans un concert d'applaudissements, de cris, et d'avertisseurs, 1 heure 19 minutes et 44 secondes après avoir quitté Carpentras !
Charly Mottet ne donne pas l'impression de traîner, pourtant il arrive avec près de quatre minutes de retard sur le héros du jour qu'il va féliciter.
Jean-François Bernard désigné alors dans le milieu cycliste comme le successeur de Bernard Hinault est maintenant confortablement installé en tête du classement général.

LE CLASSEMENT DE L'ETAPE
CARPENTRAS - MONT VENTOUX

1er - J.F Bernard 1 h 19'44''	7e - R. Acevedo 1 h 22'49''
2e - L. Herrera 1 h 21'23''	8e - D. Roux 1 h 23'18''
3e - P. Delgado 1 h 21'35''	9e - C. Mottet 1 h 23'42''
4e - F. Parra 1 h 21'48''	10e - P. Wilches 1 h 24'02''
5e - S. Roche 1 h 22'03''	37e - E. Caritoux 1 h 27'14''
6e - M. Gayant 1 h 22'36''	164e - M. Jurco 1 h 41'17''

Le vainqueur à l'approche de la ligne d'arrivée.
© Presse Sports.

Le grimpeur colombien Lucho Hererra seulement deuxième.
© Le Dauphiné Libéré.

Les dernières étapes...

Après avoir signé une victoire aussi éclatante que celle de Charly Gaul, Jean-François Bernard, comme le Luxembourgeois en 1958, joue de malchance au cours de l'étape suivante. Victime d'une crevaison au plus mauvais moment sur les routes du Vercors, il accuse à Villard-de-Lans un retard de plus de quatre minutes sur Roche qui s'empare du Maillot Jaune. Ce dernier cède la tête de la course à Delgado, vingt-quatre heures plus tard, au sommet de l'Alpe-d'Huez.
En route vers La Plagne où Fignon, ragaillardi, remporte une superbe victoire, Roche, au prix d'un effort d'une extrême violence revient sur la ligne d'arrivée à quatre secondes de l'Espagnol et tombe d'épuisement. Le lendemain, bien rétabli, il devance Delgado de dix-huit secondes à Morzine. Le Tour se joue lors du contre la montre à Dijon, la veille de l'arrivée sur les Champs Elysées. Bernard cueille, ce jour-là, une magnifique victoire à plus de 47 km/h de moyenne mais Delgado s'incline devant l'Irlandais qui revêt définitivement le Maillot Jaune.
Vainqueur du Tour d'Italie et du Tour de France, Stephen Roche rejoint l'élite du cyclisme en devenant Champion du Monde la même année.

CLASSEMENT GENERAL FINAL	
1er - Stephen Roche	6e - F. Parra à 16'53''
2e - P. Delgado à 40''	7e - L. Fignon à 18'24''
3e - J.-F. Bernard à 2'13''	8e - A. Fuerte à 18'33''
4e - C. Mottet à 6'40''	9e - R. Alcala à 21'49''
5e - L. Herrera à 9'32''	10e - M. Lejaretta à 26'13''

VAINQUEUR DU GRAND PRIX DE LA MONTAGNE :

Lucho Herrera

1994

Les premières étapes...

Le géant Eros Poli en vue du sommet, loin devant les grimpeurs.
© T. Garro "Le Provençal".

Le jeune Evgueni Berzin qui vient de dominer Miguel Indurain lors du Tour d'Italie ne prend pas le départ à Lille. Malgré la présence de Rominger vainqueur de la "Vuelta", l'Espagnol est bien décidé à décrocher une quatrième victoire consécutive en terre de France, exploit que seuls Jacques Anquetil et Eddy Merckx ont réalisé avant lui. Chris Boardman, l'ancien recordman de l'heure, gagne le prologue à la moyenne époustouflante de 55,152 km/h et devient ainsi le deuxième Anglais à s'emparer du maillot jaune après Tom Simpson en 1962. Malheureusement il en est dépossédé peu de temps avant d'entrer dans son pays où les coureurs, après avoir emprunté le tunnel sous la Manche, reçoivent un accueil triomphal sur les routes du Kent et du Sussex. Johan Museeuw, Flavio Vanzella et Sean Yates se disputent la tête du classement général avant l'étape contre la montre reliant Périgueux à Bergerac. Ce jour-là, les performances d'Indurain et de Rominger leur otent toute illusion. Les Français assez discrets jusqu'alors se distinguent grâce aux victoires de Durand à Cahors, de Leblanc qui devance le porteur du maillot jaune dans le brouillard d'Hautacam et de Virenque dominant Pantani au sommet de Luz-Ardiden où Rominger perd plus de trois minutes sur son rival espagnol. Puis c'est au tour des Danois Riis et Sörensen de franchir la ligne d'arrivée en vainqueur, d'abord à Albi puis le lendemain à Montpellier où Indurain porte toujours avec élégance le maillot jaune et Virenque celui à pois rouges désignant le meilleur grimpeur. La chaleur, la fatigue et les chutes ont entraîné plus de cinquante abandons depuis le début de l'épreuve. Après Jalabert, Lemond, Boardman, Chiappucci, Bugno, Rooks, Rominger... quinze autres coureurs quittent la course la veille de l'affrontement avec le Ventoux.

18 JUILLET - MONTPELLIER - CARPENTRAS - 231 KM

Poli triomphe avec insolence...

A l'heure où les rescapés arrivent sur la place de la Comédie pour prendre le départ, la montagne a déjà fait une victime. Tôt le matin, alors que des cohortes de spectateurs envahissaient les pentes, un jeune Allemand, surpris par un violent orage de grêle à proximité du sommet, est mort foudroyé. Une certaine inquiétude plane. Le dieu Ventoux exigera-t-il un nouveau sacrifice ? Les nombreux journalistes italiens présents sur la course ne se posent pas la question. Déçus par la défaite subie la veille par leur équipe nationale en finale de la coupe du monde de football, ils espèrent la victoire à Carpentras de leur compatriote Pantani dont la combativité sur les routes de montagne n'a pas encore été récompensée. Eddy Merckx, sémillant grand-père venu spécialement suivre cette étape, bavarde avec Poulidor et Thévenet, plus entourés que les champions du jour. Dix heures. Le soleil exagère déjà. Les coureurs qui doivent se réfugier sous des casquettes et derrière des lunettes se rangent docilement sous les ordres du directeur de course. Le moment du départ approche, d'innombrables badauds étourdis par les couleurs, les effluves de camphre et le vacarme des haut-parleurs ne savent plus où donner du regard.

A la sortie de la ville le drapeau blanc libère les concurrents.
Ce début de journée s'annonce peu propice aux initiatives. L'étouffante chaleur et la perspective du redoutable assaut final engagent favoris et équipiers à la prudence. Pourtant à proximité de Quissac, après soixante kilomètres de procession, Eros Poli, répondant à une attaque du Suisse Jaermann, prend les devants. Qu'espère donc le géant Vénitien en ce jour dévolu aux elfes de la route ? Cinquante kilomètres plus loin, lorsque son avance atteint le quart d'heure, les équipiers de Pantani accélèrent l'allure puis désignent Mantovan pour partir à sa poursuite. Le rythme du peloton fléchit alors légèrement. Les coureurs, occupés à étancher leur soif, méprisent la fugue du transalpin qu'ils savent piètre escaladeur.
Au premier passage à Carpentras l'écart dépasse les 22 minutes. A l'entrée de Bédoin où tout le village attend Caritoux, l'enfant du pays, d'aucuns situent avec précision le lieu de la prochaine défaillance de cet insensé d'Italien, jamais leur montagne n'ayant été vaincue par un sans grade ! Pourtant au hameau des Bruns, avant que la route ne se dresse devant lui, Poli compte plus d'un quart d'heure d'avance sur Mantovan et pas loin de 25 minutes sur un peloton qui à l'approche de la montagne commence à s'activer à l'image du Mexicain Raul Alcala et de l'Australien Neil Stephens qui en viennent aux mains pour une insignifiante histoire de queue de poisson.
Dès la sortie du fameux virage de Saint-Estève, sous l'impulsion de Pascal Hervé, coéquipier de Virenque et Leblanc, les mieux classés accélèrent l'allure, mettant un terme à la brève échappée de Munoz et Davy et occasionnant une sévère sélection par l'arrière.
Dans la forêt de Perrache, entre deux haies de spectateurs enthousiastes, Poli, dodelinant de la tête, le maillot grand ouvert, puise dans son important capital de minutes.
Pantani bientôt rejoint par Leblanc se dégage du groupe des poursuivants où Jean-François Bernard, le dernier vainqueur du Ventoux et Eric Caritoux sont en train de lâcher prise.
Tout près du Chalet Reynard, stimulé par une brise rafraîchissante, Indurain, éblouissant d'aisance, augmente la cadence alors que la pente avoisine les 10%, seuls Virenque, Lino, De Las Cuevas et Conti parviennent à s'accrocher à sa roue.

Eric Caritoux à l'ouvrage dans son Ventoux.
© T. Garro, "Le Provençal".

Pantani, intercalé entre Poli et le groupe Indurain vient de lâcher Leblanc. © T. Garro, "Le Provençal".

Le compteur des motos affiche 35 km/h ! Mantovan, rejoint puis dépassé, regarde s'éloigner, impuissant, cette escouade véloce. L'avance de Poli est maintenant inférieure à dix minutes. Leblanc abdique derrière Pantani et voit fondre sur lui le groupe emmené par le Navarrais dont le directeur sportif vient tempérer les ardeurs. Au sommet une foule considérable attend l'inattendu Eros Poli qui jette ses dernières forces dans son combat avec la montagne. Pendant ce temps les organisateurs de la course accompagnés d'Eddy Merckx et de Bernard Hinault s'arrêtent sur le bord de la route pour aller fleurir dans les pierres la stèle de Simpson. Encouragé de la voix et du geste, Poli et son escorte motorisée viennent de franchir la cime. Un peu moins de cinq minutes plus tard, Pantani passe à son tour devant l'observatoire, suivi quelques dizaines de secondes après par le groupe de poursuivants. Poli dévale vers Malaucène dans un style peu académique qui lui permet malgré tout de conserver au pied de la montagne, à 20 kilomètres de l'arrivée, cinq minutes d'avance. Dans les derniers lacets, en pleine vitesse, Indurain perd le contrôle de son vélo et évite de peu une chute lourde de conséquences. Une fois le château du Barroux contourné, sur une route devenue rectiligne, Pantani ne peut résister aux efforts conjugués du groupe entourant le Maillot Jaune bientôt renforcé par Zülle, Poulnikov, Ugrumov et Elli, auteurs eux aussi d'une descente acrobatique. L'homme de tête, allongé sur son vélo en recherche de vitesse, fonce vers Carpentras. A l'entrée de la ville, quand l'ardoisier lui présente le tableau où apparaît le chiffre magique des quatre minutes qui le séparent du groupe lancé à ses trousses, l'émotion lui fait monter les larmes aux yeux. Au terme de 171 kilomètres d'échappée solitaire parachevée par une belle révérence au public rassemblé sur l'allée des Platanes. Eros Poli, humble serviteur du sprinter Cipollini, encore inconnu le matin même, entre dans la légende du Ventoux. Elli, Lino et Conti sortis du groupe des poursuivants obtiennent les places d'honneur. Bien que Pantani n'ait pas gagné l'étape, les journalistes italiens sont heureux, trois de leurs compatriotes figurent parmi les quatre premiers. Miguel Indurain souverain au cours de l'ascension évoque maintenant, devant les représentants de la presse, sa descente qui aurait pu tourner au drame : *"Il faisait une chaleur incroyable, je sentais depuis un bon moment que les patins de mes freins avaient du mal à se desserrer. Dans un virage plus accentué, j'ai freiné un peu plus fort, ma roue arrière est restée bloquée, les patins étaient collés, et j'ai dérapé... Je me suis vu partir, mais j'ai toujours contrôlé. J'ai laissé aller le vélo, la jambe droite dehors, et je n'ai pas eu peur"*. Le Ventoux magnanime n'a pas exigé un second sacrifice...

Le porteur du maillot jaune fait souffrir De Las Cuevas, Virenque, Conti et Lino. © G. Dumerin.

Poli efficace également en descente ! © G. Dumerin.

Poli en larmes gagne en solitaire à Carpentras - © G. Dumerin.

Les dernières étapes...

Quelques heures après avoir quitté le Ventoux, les muscles encore endoloris par l'effort, les coureurs se présentent au pied de l'Alpe-d'Huez où l'Italien Roberto Conti, échappé depuis plus de 200 kilomètres va chercher la plus belle victoire de sa carrière. Pantani reprend un peu plus de deux minutes à Indurain et une poignée de secondes à Virenque. Il réduit encore son retard le lendemain à Val-Thorens où le Colombien Rodriguez l'emporte devant Ugrumov tandis que 68 coureurs arrivés hors des délais sont repêchés. Le Letton se rattrape à Cluse en arrivant détaché et passe ainsi de la 6e à la 3e place du classement général. Si la victoire finale d'Indurain ne fait plus de doute, c'est l'étape contre la montre menant à Avoriaz qui détermine les places d'honneur. Ugrumov remporte une nouvelle victoire et ravit la deuxième marche du podium à Pantani. Eddy Seigneur s'impose sur les Champs Elysées où Miguel Indurain avec un quatrième succès se rapproche un peu plus du record absolu des victoires au Tour de France.

LES PASSAGES AU SOMMET DU MONT VENTOUX	
1er - E. Poli	7e - R. Conti m.t.
2e - M. Pantani à 4'35''	8e - P. Lino m.t.
3e - R. Virenque à 6'03''	9e - P. Ugrumov à 6'50''
4e - A. De Las Cuevas m.t.	10e - A. Zülle m.t.
5e - L. Leblanc m.t.	11e - A. Elli m.t.
6e - M. Indurain m.t.	... - E. Caritoux à 9'47''

LE CLASSEMENT DE L'ETAPE MONTPELLIER - CARPENTRAS	
1er - E. Poli	7e - P. Ugrumov m.t.
2e - A. Elli à 3'39''	8e - A. Zülle m.t.
3e - P. Lino m.t.	9e - M. Indurain m.t.
4e - R. Conti à 3'41''	10e - M. Pantani m.t.
5e - R. Virenque à 4'	18e - E. Caritoux à 7'46''
6e - A. De Las Cuevas m.t.	135e - S. Outschakov à 28'14''

Indurain frôle la catastrophe sous les yeux de Elli - © Presse Sports.

LE CLASSEMENT GENERAL FINAL	
1er - Miguel Indurain	7e - A. Elli à 20'17''
2e - P. Ugrumov à 5'39''	8e - A. Zülle à 20'35''
3e - M. Pantani à 7'19''	9e - U. Bolts à 25'19''
4e - L. Leblanc à 10'03''	10e - V. Pulnikov à 25'28''
5e - R. Virenque à 10'10''	22e - E. Caritoux à 47'19''
6e - R. Conti à 12'29''	115e - E. Poli à 2h52'41''

VAINQUEUR DU GRAND PRIX DE LA MONTAGNE :

Richard VIRENQUE

LES SEIGNEURS DU VENTOUX

En cette année 2000, le Tour de France revient pour la dernière fois du siècle sur les pentes du Ventoux. Le 12 juillet, le Conseil général de Vaucluse a mis à profit l'événement pour fêter les 5 vainqueurs des étapes historiques dont les arrivées furent jugées au sommet.

De gauche à droite : R. Poulidor, E. Merckx, C. Gaul, J.-F. Bernard, B. Thévenet. © Dominique Bottani.

« C'est un lieu légendaire où seuls de grands champions se sont distingués. »

Bernard Thévenet (1972)

« Le Ventoux fait peur aux coureurs car beaucoup de défaillances s'y sont produites à cause de la chaleur de l'été. C'est une étape grandiose mais très difficile ! »

Raymond Poulidor (1965)

« Gagner au Ventoux c'est prestigieux. C'est le symbole du panache. Des grands cols comme le Galibier, l'Aubisque, le Tourmalet... c'est celui qui marque le plus ! »

Eddy Merckx (1970)

« Le Mont Ventoux, c'est l'Everest ! »

Charly Gaul (1958)

« C'est une montagne à part qui ne ressemble ni aux Pyrénées ni aux Alpes. C'est un paysage lunaire au milieu de nulle part... On gagne au Ventoux pour la vie ! »

Jean-François Bernard (1987)

Marco Pantani se souviendra longtemps de sa victoire sur la cime du Ventoux! © Dominique Bottani.

Piégé par une échappée lors de l'étape Vitré-Tours, le mazamétain cède sa première place au classement général à l'Italien Alberto Elli.
Le lendemain Christophe Agnolutto s'impose en solitaire à Limoges et offre enfin à la France une victoire d'étape attendue depuis deux ans.
Trois jours plus tard dans les Pyrénées, malgré la pluie et le froid, Amstrong domine tous les favoris au cours d'une époustouflante montée vers Hautacam où il endosse le maillot de leader. Les purs grimpeurs : Pantani, Virenque, Escartin... n'ont rien pu faire face aux multiples et violentes accélérations du Texan.
Ce jour-là, un autre américain, Jonathan Vaughters, abandonne la course et ses espoirs à la suite d'une chute dans la descente du col de Marie-Blanque. Quel dommage pour celui qui, l'année précédente, lors du Critérium du Dauphiné, pulvérisa de plus de cinq minutes, en 56'50", le record de l'ascension du Ventoux établi par Charly Gaul en 1958!
Une étape de transition emmène les coureurs à Revel en Haute-Garonne et c'est le transfert vers Carpentras où la journée de repos arrive à point nommé avant l'escalade de la montagne provençale dont toute la presse parle déjà...

13 JUILLET - CARPENTRAS - MONT VENTOUX - 149 KM

2000

Les premières étapes...

Pour le dernier Tour de France du siècle, les organisateurs pouvaient-ils ne pas inviter les coureurs à venir se départager sur les pentes du Mont Ventoux où se sont déroulées quelques-unes des plus grandes heures de cette course?
Les trois derniers vainqueurs : l'Américain Lance Amstrong, l'Italien Marco Pantani et l'Allemand Jan Ullrich prennent le départ le 1er juillet du Futuroscope près de Poitiers.
Le jeune écossais David Millar remporte, à la surprise générale, la première étape, une épreuve chronométrée de 16,5 km. Il conserve le Maillot Jaune jusqu'au « contre la montre » par équipe, couru entre Nantes et Saint-Nazaire, où Laurent Jalabert, chef de file des « once », le lui ravit avec une joie non dissimulée.

Amstrong offre le Ventoux à Pantani...

L'été semblait avoir quitté la Provence. Au cœur de ce mois de juillet, depuis plusieurs jours, une brume tenace accompagnée d'une pluie froide s'était installée sur la cime de la montagne sacrée.
Ce matin, comme par enchantement, un fort mistral s'est levé pour chasser les nuages rendant au pays sa belle lumière et à la montagne ses couleurs. Mais là-haut, du côté du col des tempêtes, le vent ne risque-t-il pas d'être plus redoutable que la pluie?
L'Américain, paré du maillot jaune, est inquiet mais pour une autre raison. Le souvenir de sa défaillance sur cette montagne, lors du dernier « Critérium Dauphiné », le tourmente. N'a-t-il pas déclaré devant la presse :
« Le Ventoux n'aime pas Amstrong, Amstrong n'aime pas le Ventoux! C'est un endroit étrange, mythique... mystique, un peu comme la lune! »

Les candidats à la victoire semblent pourtant très nombreux. *« Quel est votre rêve le plus fou durant cette course ? »* A cette question posée par les journalistes de « l'Equipe » à l'ensemble du peloton lors d'un sondage réalisé le jour du départ au Futuroscope, une très forte majorité de coureurs s'est prononcée pour un triomphe au Ventoux. Tout le monde s'en doutait bien un peu, mais ce sondage en apporte la preuve : l'étape du Ventoux est la plus convoitée du Tour de France.
L'énorme public venu aujourd'hui à Carpentras ne le confirme-t-il pas ? Dans le « Village du Tour », installé en contrebas de la Porte d'Orange devant laquelle sera donné le départ de la course, d'éminents représentants du monde du sport, du spectacle et de la politique se sont donnés rendez-vous pour suivre l'épreuve dans un véhicule confortable.
En attendant, dès le départ de Carpentras, sous le regard émerveillé de Laurent Blanc, l'arrière de l'équipe de France de football, championne du monde et récente championne d'Europe, les coureurs s'enfuient à toute allure au pied du col de Murs, poussés par la forte bise. Une chute collective sans gravité à l'entrée de Pernes-les-Fontaines fait suite à quelques tentatives d'échappées infructueuses. A l'approche du sommet de cette première difficulté du jour, l'étonnant Agnolutto jaillit d'un peloton pourtant très actif. Dans la descente vers Murs, il est rejoint par un petit groupe où l'on reconnaît les Espagnols Garcia-Acosta et Arrieta, le Colombien Botero, les Français Nicolas Jalabert et Pascal Hervé, les Kazakhs Kivilev et Vinokourov et le Belge Mattan. Ces éclaireurs, sur des routes étroites et sinueuses balayées par un vent de côté, atteignent vite Saint-Saturnin-lès-Apt et partent à l'assaut du plateau de Vaucluse, au milieu d'une épaisse forêt de chênes-verts. Derrière, le peloton, conduit par les hommes de l'« U.S. Postal », ne semble pas s'affoler.
Mattan, à la tête du groupe des fuyards, franchit le sommet de la côte de Javon avec une avance grandissante sur les poursuivants. Sans se retourner, il entraîne ses compagnons sur les routes parfumées des Hautes Terres de Provence, longeant les champs de lavande et de blé jadis parcourus par les héros de Jean Giono !
A l'entrée de Sault, le peloton compte un retard de près de cinq minutes. Plusieurs coureurs sont lâchés. Alors que le plus dur reste à faire, Radio-Tour annonce déjà les abandons de Tom Steels, Jaan Kirsipuu et Chann Mc Rae. Le Mont Ventoux, que les coureurs n'ont pas quitté des yeux depuis le départ, se rapproche !
L'avance des échappés qui ne semblent plus unis dans leur entreprise se réduit au cours de l'escalade du col des Abeilles et dans la descente vers Villes-sur-Auzon. Au sommet de la côte de Mormoiron, elle est désormais à peine supérieure à deux minutes. Le peloton accélère encore l'allure avant

Agnolutto et Mattan emmènent les échappés vers le sommet du col des Abeilles. © Franck Médan - Le Dauphiné Libéré.

l'ascension monumentale. Les coureurs en file indienne traversent Bédoin à toute vitesse, emmenés par les « Banesto », les équipiers de Zülle et Jimenez qui révèlent là leurs ambitions du jour. Dans le village la foule est considérable. La gendarmerie confirme la présence de plus de 300.000 spectateurs tout au long du parcours jusqu'au sommet.
Tout est en place. Une nouvelle page du Tour de France au Ventoux est sur le point de s'écrire.
A l'approche du hameau des Bruns le peloton s'étire de plus en plus, Millar, Olano, Ekimov et Zabel, porteur du maillot vert, sont en difficulté.
Dès les premières rampes sévères, au-dessus du virage de Saint-Estève, les Américains Hamilton et Livingston, coéquipiers du Maillot Jaune, impriment un train infernal pour durcir la course. Et la course se durcit... le peloton s'égrène par l'arrière. Zülle, Escartin, Jimenez et Otxoa vêtu du maillot à pois, grimpeurs avérés ou révélés, perdent du terrain. Les derniers échappés sont repris par un peloton de plus en plus réduit. La sélection est impitoyable. Au virage du Bois, Amstrong, accompagné par Livingston, le dernier de ses serviteurs, livre bataille avec Ullrich, Virenque, Beloki et deux représentants des « Kelme », Botero et Heras. Laurent Jalabert et Pantani alias *« le pirate »* tentent de s'accrocher au groupe.

Le porteur du Maillot Jaune est aux aguets. Malgré son appréhension de la montagne, se sent-il aujourd'hui en mesure d'inscrire son nom au palmarès des vainqueurs de cette étape tant convoitée? Toujours est-il qu'il ramène avec autorité l'Espagnol Roberto Heras qui tente de s'enfuir.
Le rythme de l'ascension s'accroît encore! Livingston ne peut plus suivre. Jan Ullrich prend la tête de l'escouade et imprime un train soutenu. Vers la fin de la partie boisée, alors que la route se cambre un peu plus encore, Jalabert est définitivement lâché. Pantani, la bouche ouverte, continue à céder du terrain sur les hommes de tête, son retard approche désormais les vingt secondes.
Au passage devant le Chalet Reynard à six kilomètres de l'arrivée, un public énorme acclame les coureurs qui sont obligés de se frayer un chemin dans cette foule exubérante qui a envahi la route. Richard Virenque prend le contrôle du groupe quand Pantani, surgissant de l'arrière, les mains au bas du guidon, porte une violente attaque, suivi aussitôt par Heras. Mais où « *le pirate* » puise-t-il ses ressources?

Pantani, revenu de l'arrière, s'échappe du groupe de tête à 3,5 km du sommet. Seul Amstrong, éclatant de puissance, parviendra à le rejoindre. © Presse Sports.

A l'approche du Chalet Reynard, Ullrich imprime un train très rapide. Beloki qui cache Botero, Heras, Amstrong et Virenque restent dans la roue de l'Allemand. Derrière, Pantani et Jalabert perdent du terrain. © Franck Médan - Le Dauphiné Libéré.

Au prix d'un effort considérable, les autres coureurs reviennent à leur hauteur. La végétation en s'amenuisant n'offre plus de barrière au vent. L'Italien qui fait preuve d'un immense courage place une nouvelle accélération après la fontaine de la Grave. Il est gêné par les rafales du mistral. A chaque à-coup, Virenque a du mal à garder le contact avec les autres coureurs. Pantani en grand grimpeur se dresse encore et encore sur la pointe des pieds et tente de nouveau de partir seul. Amstrong, Ullrich, Beloki, Heras et Botero reviennent sur le Romagnol. Cette fois-ci Virenque ne peut plus suivre le groupe. L'ascension n'en finit plus. Les trois derniers vainqueurs du Tour de France sont à l'œuvre dans les bourrasques. Une fois de plus, fidèle à sa réputation, le « Géant de Provence » désigne les meilleurs. Un quatrième sprint audacieux et l'intraitable Pantani se propulse enfin seul en tête et prend immédiatement plusieurs longueurs d'avance. L'impétueux Botero essaye en vain de le rejoindre. L'affaire semble entendue... c'est alors que Lance Amstrong place un démarrage foudroyant et file comme une fusée aux trousses du transalpin qu'il rattrape en quelques secondes.

Lance Amstrong devance Pantani à la sortie du dernier virage avant l'arrivée. © Dominique Bottani

ham Olano près de dix. L'espoir Espagnol Jimenez arrive quant à lui avec un retard de près de onze minutes !
A sa descente de vélo, le Texan, interrogé par les nombreux journalistes sur son attitude singulière lors de l'arrivée, explique : *« Aujourd'hui Pantani a fait un « show » sur le Ventoux. Il n'a pas arrêté d'attaquer et il méritait de l'emporter. C'est sûr que j'aurais certainement pu partir mais je ne l'ai pas fait. Je suis ici pour remporter le Tour de France, pas pour gagner toutes les étapes. Il était lâché, il revenait. C'était impressionnant. Quel attaquant ! Il méritait de l'emporter. C'est un grand jour pour lui...*
J'ai pris ma revanche sur le Ventoux, et mes équipiers que l'on n'avait pas vus à Hautacam, ont répondu présent au rendez-vous et je les en remercie. »
Le courage de Pantani et le panache d'Amstrong ont donné à cette ascension haletante sa dimension exceptionnelle. Après avoir reçu son bouquet, le vainqueur dans une étonnante réaction de modestie rend hommage à son adversaire : *« Il a fait une montée extraordinaire, il a démontré qu'il était un grand champion. »*
Lance Amstrong qui craint d'être isolé en haute montagne escompte-t-il maintenant sur une aide de l'Italien dans les prochaines étapes alpestres ?

L'Américain dont le coup de pédale paraît d'une étonnante facilité, dépasse son compagnon et l'incite de la main à aller plus vite. Pantani est à bout de force. Il prend avec courage un court relais. Le vent souffle très fort. Il fait moins de 5°C. Les innombrables spectateurs qui attendent ce moment depuis de longues heures, trépignent d'enthousiasme.
A l'arrière, Ullrich essaye de limiter les dégâts en emmenant les autres dans sa roue.
Le col des tempêtes est en vue. Amstrong accélère encore puis donne l'impression de vouloir attendre son adversaire. Pantani, les mains toujours au bas du guidon, souffre mais s'accroche en grimaçant. A l'entrée du dernier virage, devant un immense public exubérant, le Maillot Jaune, qui ne paraît pas trop éprouvé, précède son rival mais ne tente pas de le distancer avant la ligne d'arrivée que *« le pirate »*, d'un coup de pédale rageur, franchit sous ses yeux.
Inimaginable ! Au sommet du Ventoux, l'impérieux Amstrong offre la victoire au meilleur grimpeur du monde !
Quelques secondes plus tard, Beloki et Ullrich terminent puis c'est au tour de Botero et Heras d'arriver sur la terrasse de l'observatoire peu avant Richard Virenque qui perd plus d'une minute sur le vainqueur. Escartin, Zülle et Otxoa cèdent quant à eux plus de trois minutes, Dufaux et Luttenberger plus de quatre et l'ancien champion du monde Abra-

En quelques mètres, l'Italien, pourtant à bout de forces, dépasse l'Américain qui ne réagit pas ! © Dominique Bottani.

Incroyable ! Amstrong, assis sur sa selle, laisse la victoire à Pantani.
© Dominique Bottani.

Pour la dernière ascension du siècle, le Ventoux qui a forgé une part de la légende du Tour de France a consacré dans un même mouvement, les deux derniers vainqueurs de cette grande course !
Après une rude étape courue à plus de 36 km/h de moyenne dont l'escalade de la montagne depuis Bedoin réalisée par Pantani en 58'53'', ils ne seront plus que 151 coureurs à prendre le départ demain sous le pont Saint-Bénézet à Avignon pour rejoindre Draguignan, huit d'entre eux ayant abandonné et un autre, l'Estonien Lauri Aus, étant arrivé hors des délais impartis.

LE CLASSEMENT DE L'ÉTAPE CARPENTRAS/MONT-VENTOUX	
1er - M. Pantani	6e - R. Heras m.t
2e - L. Amstrong m.t	7e - R. Virenque à 1'17''
3e - J. Beloki à 25''	8e - F. Mancebo à 1'23''
4e - J. Ullrich à 29''	9e - M. Beltran à 1'29''
5e - S. Botero à 48''	10e - C. Moreau à 1'31''

Les dernières étapes

L'Espagnol Garcia-Acosta gagne à Draguignan, la veille de la grande étape où les coureurs doivent franchir les cols d'Allos, de Vars et d'Izoard. Ce jour-là, le Colombien Botero arrive seul à Briançon et revêt le maillot à pois du meilleur grimpeur. Le lendemain, Marco Pantani, blessé dans son orgueil par la façon dont il a obtenu sa victoire au Ventoux, montre de nouveau ses grandes qualités de grimpeur en lâchant Amstrong, Heras puis Jimenez avant d'aller franchir seul la ligne d'arrivée à Courchevel. Quelques heures plus tard c'est au tour de Richard Virenque de l'emporter à Morzine après avoir dominé tous ses adversaires dans la montée du col de Joux-Plane où Amstrong pour la première fois a montré des signes de faiblesse. Le soir de cette étape, Pantani, malade, quitte la course. Après le passage de la course en Suisse et en Allemagne, l'Américain gagne sa première étape lors du « contre la montre » entre Fribourg et Mulhouse à près de 54 km/h de moyenne, puis s'achemine tranquillement vers Paris où il remporte son deuxième Tour de France.

De retour dans son pays, Pantani déclare à la presse italienne qu'il n'est pas si sûr qu'Amstrong lui ait fait cadeau de la victoire au Ventoux. Le soir même de l'arrivée du Tour à Paris, l'Américain interpellé par un journaliste du magazine « Vélo » sur cette déclaration, répondra sans ambages : *« Si j'avais su, je ne lui aurais pas fait ce « cadeau » car il n'était pas le plus fort au Ventoux. Je regrette mon geste ! ».*

Ventoux, terre de légende !

Pour le dernier Tour de France du siècle, le Ventoux consacre les deux derniers vainqueurs de l'épreuve!
© Franck Médan - Le Dauphiné Libéré

LE CLASSEMENT GENERAL FINAL	
1er - Lance Amstrong	6e - R. Virenque à 13'26''
2e - J. Ullrich à 6'02''	7e - S. Botero à 14'18''
3e - J. Beloki à 10'04''	8e - F. Escartin à 17'21''
4e - C. Moreau à 10'34''	9e - F. Mancebo à 18'09''
5e - R. Heras à 11'50	10e - D. Nardello à 18'25''

VAINQUEUR DU GRAND PRIX DE LA MONTAGNE :

Santiago Botero

– AUX ÉDITIONS ÉQUINOXE –

DANS LA COLLECTION « LE TEMPS RETROUVÉ »
Apt, textes de René Bruni.
Andernos, textes de Richard Lahaye.
Antibes, Juan-les-Pins, textes de Renaud Duménil.
Arcachon, villas et personnalités, textes d'Éliane Keller.
Arès, textes de Max Baumann et Marc Jean Jean.
Au cœur du pays bleu : Antibes, Juan-les-Pins, Biot, Opio, Valbonne, Vallauris Golfe-Juan, textes de Renaud Duménil
Aureille, textes de Françoise Arlot.
Auriol, textes de Michel Laurent.
Avignon, les tramways, textes de Jean Mazet.
Barbentane, textes de Joseph Rey.
Les Baux-de-Provence, textes de Marcel Bonnet.
Beaucaire, textes de Maurice Contestin.
Bois d'Arcy, texte de Gérard Simmat.
Brassac et ses environs, textes de Gilbert Belin.
Cannes, textes de Marcel Carlini.
Carry-le-Rouet, textes de Louis Roubaud et Annie Donato.
Châteaurenard, textes de Vincent Fournier.
Châtellerault, textes de Gérard Simmat.
Coudoux, textes de Michèle Rouard, Christiane et Pierre Bertin.
Digne, textes de Raymond Collier.
Draguignan, textes de Pierre Gayrard.
La Confrérie des Gardians, textes de Rémi Venture.
Les capitelles des garrigues gardoises, textes de B. Fadat et R. Martin.
Les charrettes provençales, textes Marcel Bonnet.
Eygalières, textes de Suzanne et Maurice Pezet.
Eyguières, textes de Michel-Bernard Savoye.
Fontaine de Vaucluse, textes de Sylvestre Clap.
Forcalquier, textes de Jean-Yves Royer.
Gémenos, textes de Dominique Berthout, Gérard Curt.
Gordes et l'abbaye de Sénanque, textes de Jean-Louis Morand.
Goult, textes de Maïté Laurent.
Graveson, textes de Joseph Petit.
L'Isle-sur-la-Sorgue, textes de Sylvestre Clap.
L'abbaye de Montmajour, textes de Rémi Venture.
La Fare-les-Oliviers, textes de Michel Millet et Félix Laffé.
La Garde-Freinet et le Plan-de-la-Tour, villages des Maures, textes d'Albert Giraud.
Fréjus, textes de Marcel Foucou et Josette Avignon.
L'Histoire des reines d'Arles, textes de Michèle Gil.
Les Jaquemarts, textes de Jacques Navrot.
Lambesc, textes de M. et P. Gazanhes.
Maillane, textes de Henri Moucadel.
Manosque, textes de Maurice Chevaly.
Marguerittes, textes de Louis Picard.
Martigues, textes de Vladimir Biaggi.
Maussane-les-Alpilles, textes de Félix Laffé et M. Bonnet.
Les Mées, les Amis des Mées.
Miramas, textes de Roger Alquier.
Montfavet (volume I et volume II), textes de Raphaël Mérindol.
Le Mont Ventoux, textes de Bernard Mondon.
Mouriès, textes de Marcel Bonnet.
Moustiers-Sainte-Marie, textes des Amis du Musée.
Nyons, textes de Simone Chamoux.
Oraison, textes de Claude Sauve.
Orgon, textes de René Fages.
Le Paradou, textes d'Hélène Ratyé-Chorémi et Marcel Bonnet.
Le Pays de Forcalquier, textes de Jean-Yves Royer.
Sault et le Pays de Sault, textes de Jean-Paul Bonnefoy.
Les Palais gothiques d'Avignon, textes d'Hervé Aliquot.
Les Pennes Mirabeau, collectif 96
La Presqu'île Lège-Cap-Ferret, textes de Jacques Ragot, vol 1.
La Presqu'île Lège-Cap-Ferret, villas et personnalités. vol. 4, textes de Max Baumann.
La Presqu'île Lège-Cap-Ferret : la côte Noroît, textes de Max Baumann.
Puget-sur-Argens, textes de Michel Roudillaud.
Rognes, collectif.
La Roque-d'Anthéron et l'abbaye de Silvacane, textes de Thierry Galibert.
Roquebrune-sur-Argens, collectif
Roussillon, textes de Francis Berjot.
Sablet, textes des Compagnons des Barrys.
Sainte-Maxime, textes de Jean-Daniel de Germond.
Saint-Raphaël, la côte, la mer les bateaux, textes de Léon Bouyer.
Saint-Raphaël, textes de Marcel Carlini.
Saint-Rémy-de-Provence, textes de Marcel Bonnet.
Saint-Rémy-de-Provence, chronique photographique de Frédéric George.
Saint-Tropez, textes de Jean-Daniel de Germond.
Saint-Victoret, textes de M. Bottero.
Salon-de-Provence, textes de Jean-Jacques Léandri.
Sénas, textes de Michel Tellène, Claude Jouve, Marcel Barizon
Le Sud Bassin, texte de Eliane Keller.
Tarascon, textes de Louis Renard.
La Tarasque, textes de Louis Renard.
Le Tour de France au Mont-Ventoux, textes de Bernard Mondon.
Le Vaucluse Industriel, textes de Jean-Pierre Locci.
Les Terrasses des Cévennes Gardoises, textes de Raymond Martin et Bruno Fadat.
Villages du Golfe de Saint-Tropez, textes de M. Bernardi.
Villages du Luberon, textes René Bruni, vol. 1 et vol. 2.
Villefranche-Beaulieu-St-Jean-Cap-Ferrat, textes de D. Gayraud.
Villeneuve-lès-Avignon, textes de Colette Chardonnet, M.-L. et D. Fabrié et Thérèse Moyne.
Yvetot, textes de Jacques Delamare

DANS LA COLLECTION « MÉTAMORPHOSES »
Aix-en-Provence, textes de Bernard Terlay.
Arcachon, textes d'Éliane Keller.
Arles, textes de Rémi Venture.
Avignon, textes de René Moulinas.
Bordeaux, vol. 1, textes de Max Baumann.
Bordeaux, vol. 2, textes de Max Baumann.
Carcassonne, textes de Betty Robion, Caroline Delerue.
Cavaillon, textes de Sylvie Grange.
Fontvieille, textes de Michel Gay.
Marseille, textes de Marc Signoril (volume I, volume II et volume III).
Narbonne, textes d'André Mècle.
Nîmes, textes de Roger Gaillard.
Orange, textes de Christine Feuillas.
Perpignan, textes de Yves Hoffmann.
La Presqu'île de Lège-Cap-Ferret, textes de Max Baumann, vol. 2 et 3.
Sète, textes de Claude Bonfils.
Uzès, textes de Marie-Lise Laporte et Jacques Roux.
Villeneuve-lès-Avignon, textes d'Hervé Aliquot.

HORS COLLECTION
Alexandre Poirson, photographe-voyageur, textes de Sylvestre Clap.
L'Abbaye Cistercienne du Thoronet au Moyen Age, textes E.F. Barbier.
L'Agenda Provençal.
Le Domaine de Grammont, Mairie de Montpellier.
Marius Roux-Renard, peintre avignonnais, textes de R. Mérindol.
Montpellier, la sculpture dans la ville, textes de Mireille Lacave.
Pour saluer Doisneau textes de Yves Laisné.
Uzès, secteur sauvegardé, textes de Nicole Depaire.
Victor Crumière, peintre avignonnais, textes de R. Mérindol.

DANS LA COLLECTION L'IMAGIER
Mémoires d'un bout d'Zan, Office de la Culture de la ville d'Uzès.
Mémoires du Savon de Marseille textes de Patrick Boulanger.
Mémoires du cartonnage de Valréas, textes de Magali Baussan et Jean-Pierre Locci.
Vies et Mémoires de Cigales, textes de Michel Boulard et Bernard Mondon
Mémoires de l'amandier, texte de Paulette Bécherel.
Mémoires de l'olivier, textes de Gérard Rossini.
Mémoires des santons de Provence, textes de Françoise Delesty.

DANS LA COLLECTION LIEUX ET FIGURES DU SUD
Mistral, textes de Mireille Bosqui.

Achevé d'imprimer en mars 2001 sur les presses de HORIZON GROUPE Parc d'activité de la Plaine de Jouques - 200 av. de Coulin -13420 Gémenos
pour le compte des Editions Equinoxe - Domaine de Fontgisclar - Draille de Magne - 13570 Barbentane
8e édition